Psychology
of school
maladjustment

鈴木美樹江 Mikie Suzuki

学校
不適応感
の心理学

プロセスから
捉えた予防的支援の
構築のために

ナカニシヤ出版

まえがき

　学校場面ではいじめ，不登校，自傷行為等の学校不適応に関する悩みを抱えている子どもたちが多くいます。その背景としては，地域や家庭内のつながりの脆弱性，また子ども同士が直接遊ぶ機会の減少による対人関係の希薄さ等，数多くの要因が重なり合う形で，子どもたちの発達に影響を与えていることが考えられています。

　このようななか不適応問題が深刻化する前段階で大人が察知し，介入する等の予防的観点からのアプローチの必要性が求められているといえるのではないでしょうか。具体的には，不適応問題を生じている子どもへの丁寧な支援（3次予防）を行いながらも，不適応徴候が見られる子どもや，リスクの高い子どもに対しては早期の段階で介入すること（2次予防），またすべての子どもを対象としたコンピテンス向上のための心理教育を提供する（1次予防）等，階層的なアプローチ方法について研究が進められてきています（Durlak, 1995）。

　その理論的根拠のひとつとして注目されているのが，リスク要因及び保護要因に関する研究です。それは，「どのような環境や個人的側面を持つ子どもが不適応問題となるリスクが高いのか」，また逆に「どのような環境や個人的側面を持つことが，子どもにとって不適応問題となることを防ぎ，そして子どもを守ることができるのか」といった観点に基づく研究です。

　筆者がスクールカウンセラーとして学校に赴き実際に子どもたちの話に耳を傾けると，いくつものリスク要因を抱え辛い状況下で様々な SOS を出している子どもたちと出会います。教育場面で捉えると一見それらは不適応状態であるとされるかもしれません。しかしながら，長期的な視点でみていくと彼らなりに頑張って対処し試練に立ち向かい，卒業時には誰よりもたくましく成長していく姿を目の当たりにすることがあります。そのような子どもたちとの学校臨床場面での出会いから，不適応は固定化されるものではなく流動的な側面を持ち，時に不適応が契機となり子ども自身が大きく成長する足場となったのではないかとさえ思うことがあります。

　このように従来の研究で捉えていた学校不適応を断面的に捉え「状況」としてみる視点のみではなく，学校不適応を中・長期的なスパンも含めて「過程」として捉えることが，子どもの心の発達を支える学校臨床実践を考えるうえで重要となるのではないでしょうか。

　なお，学校不適応については学校環境側から捉えた不適応と個人側から捉えた不適応は異なっていることも考えられます。たとえば客観的な現実と子どもが認識している現実は異なっていることもあること（Caplan, 1987）が指摘されていますが，とくに子どもが反応するのは主観的な現実に対してであることが多いとされています（Richman et al., 2004）。そのため，本書では，学校環境側から捉えた学校不適応ではなく，児童生徒側から捉えた「学校不適応感」に焦点を当てることにします。

　本書が生まれたきっかけは，筆者がスクールカウンセラーになり経験が浅い頃に出会ったある生徒が卒業式の日に晴天の空を見て涙を流しながら言った「（前の学校では辛くて自殺も考えたが）でもここにきて空気が違った。悪い空気を吸うとどんどん自分は悪くなっていく，でも良い空気を吸うと自分もそういう風になっていく……」という言葉でした。私はこの時，不適応状態が個人と環境の不適合状態であるならば，環境が変われば個人も変化し適応することもあるという不適応概念の根幹に気づかせられました。そして，子どもたち側から環境に合わせて変化するのを待つだけではなく，ときに学校環境側から子どもたちの思いを汲みとり，適応を促していくことが必要なときもあるのではないかと感じました。それからスクールカウンセラーとして心のアンケートを行い，心理的 SOS を出している子どもたちを早期の段階で察知して自然な関わりを通してカウンセリングへとつなげることや，学校環境全体へのアプローチとして心理教育を行う取り組みをしてきました。そして，本書はこれらの学校場面における予防的活動を行うための基礎的研究に重きをおいたものとなっています。

　本書は学校不適応感を「過程」から捉えた研究を行うことで，リスクのある生徒を早期に察知し，これらのリスクを抱えた子どもたちを支援するために必要な視点を保護要因の観点から検討することを試みるものです。本書の試みが，学校場面でリスクを持つ子どもたちの SOS に早期に気づき，心の成長につなげる学校臨床活動に，わずかでも新しい視点のひとつを提供することができましたら望外の幸せです。

目　　次

序 章

なぜ学校不適応感を
プロセスから捉える必要があるのか
本書の課題と目的

第1節　学校不適応感プロセス研究の必要性と本書の目的

　本書は学校不適応感に着目し，どのような環境や個人的側面を持つ子どもが学校不適応感を持つリスクが高いのか，また逆にどのような環境や個人的側面を持つことが，子どもの学校不適応感を防ぎ，そして子どもを守ることができるのかといった観点より論じていく。

　第1章において詳しく学校不適応の概念の整理と学校不適応研究について整理を行っていくが，現在のところ適応や学校適応と同様に不適応や学校不適応及び学校不適応感についても，統一した概念化がなされておらず，研究者により学校不適応のどこに焦点を当てているか，及びどこまでを不適応の範囲と捉えているかは異なっている現状にある。

　そのなかで，学校適応研究では学校不適応を予防するうえでも学校適応をプロセスとして捉えたうえで，どのような要因が適応プロセスに影響を与えているかについて，時間的流れも踏まえた包括的なプロセスモデルの必要性が指摘されている（Ladd, 1989; Perry & Weinstein, 1998）。一方，不適応に関しても，一般に欲求の充足阻止からどんな徴候が現れるかの過程を調べることの意義（戸川，1956）が述べられる等，不適応のプロセスについて検討することが不適応を予防するうえでも重要であることが指摘されてきている。しかしながら，学校不適応に至る過程についての尺度はほとんど作成されておらず，これらの尺度を用いた縦断研究も行われていない現状にある。そのため，プロセスを含んだ学校不適応感尺度を用いて縦断的・横断的研究を行うことは，学校不適応プロセスの詳細を明らかにするうえでも有用

であると考える。同時に，近年児童・生徒自身がどのように環境を捉えているかといった主観的な認知についての重要性（Richman et al., 2004）や環境と個人が適合しているかについての意識に着目した主観的な学校適応感に関する研究がなされてきている（大久保・青柳，2003）。本書においても児童生徒が感じている主観的な学校不適応感に焦点をあてるとともに，学校不適応状態のみではなく学校不適応状態に至る過程も含めた学校不適応感について検討を行うことで，早期の段階で学校不適応感を抱えている児童生徒への支援を行う可能性が広がると考えられる。またその際に，本書では学校不適応感について，海外での研究で培われてきたリスク要因と保護要因の視点（Fraser, 2004; Pollard et al., 1999; Richman & Fraser, 2001）を取り入れ，学校不適応感のプロセスを横断的及び縦断的に検討していくことで学校不適応感に関する力動的プロセスを明らかにすることを目的とした。

　なお，本書における研究対象者は小学生，中学生，高校生である。従来から各学校種における学校制度の違い及び発達特性の相違が学校不適応感に影響を与えていることは指摘されている（浅田・中西，2018; 板山ら，2014; 谷口・浦，2003; 都筑，2002, 2003）。学校制度上においては，とくに小学校は学級担任制であることが多いのに比べ中学校と高校は教科担任制となっていることが多く，このことが中１ギャップにつながるなど生徒の不適応と関連があるのではとの指摘もある（浅田・中西，2018）。また，中学生は小学生に比べて将来への希望が見えず空虚感が増えることが報告されている（都筑，2002, 2003）。同様に小学生に比べ中学生は不登校生徒数が増加する傾向にあること（文部科学省，2018）も示されている。そのため，第２章の学校不適応状態のひとつである不登校傾向（五十嵐・萩原，2004）については，不登校が増加する中学生に焦点を当てて検討を行う。同時に中学校から高校に向けて抑うつ症状を有する生徒の割合が増加する（板山ら，2014）ことが報告されているため，第３章では不適応徴候について中学生と高校生を対象に研究を行い，学年差についても検討を行う。なお，小学生と高校生を対象にした調査では，高校生では友人関係によるサポートの互恵性がストレス反応を低減していたのに対し，小学生ではこれらの有意な関連性が見られず，友人関係の質が高校生と異なっていることが指摘されている（谷口・浦，2003）。そのため，高校生と小学生とでは学校不適応感に至るプロセスやリスク要因が異なる可能性も考えられる。そこで第４章において高校生版と小学生版の２つの学校不適応感尺度を開発し，プロセスモデルの検討を行う。第５章で着目する保護要因のひとつであるロールフルネス尺度は高校生用に作成されたもの（Kato & Suzuki, 2018）であることから，高校生を対象に学校不適応感の

保護要因に関する検討を行うこととした。

　以上の目的を検討するため，本書では具体的に以下の5つの課題を設定する。

　第一の課題としては，これまで先行研究で用いられてきた不適応を「状態」から捉えた尺度のひとつである不登校傾向尺度を用いて，リスク要因との関連について探る。なお，不登校傾向とは登校しつつ登校回避願望がある不登校の前駆的状態であると定義されており，不適応状態のひとつと位置付けられている（五十嵐・萩原，2004）。本書では，中学生を対象に先行研究で学校不適応感のリスク要因のひとつとして挙げられている社会的コンピテンスの不足に焦点を当てる。そのうえで不適応状態のひとつである不登校傾向と社会的コンピテンスとの関連について，質問紙法及び投影描画法（S-HTP）の観点より検討する。

　第二の課題としては，予防的観点から捉えたとき，学校不適応感をプロセスとして検討することが必要である。そのため，本書では不適応状態（不登校傾向）の前段階を把握することを目指した不適応徴候尺度を開発し，信頼性・妥当性についても確認する。そのうえで，不適応徴候尺度が実際に不登校傾向の前段階に位置する尺度であるかどうかについても統計的手法を用いて検討を行う。

　第三の課題としては，学校不適応感のリスク要因に着目した学校不適応感尺度の開発を行い，信頼性・妥当性についても確認し，不適応徴候に至るプロセスについても検討を行う。この尺度を用いて以降の課題点についても検討していく。

　第四の課題としては，学校不適応感の保護要因について検討するために，ロールフルネスやレジリエンスに着目し，これらの尺度が学校適応感尺度にどのような影響を与えているかについて検討を行うことで，学校不適応感を抑制する保護要因についても探る。

　第五の課題としては，学校不適応感のプロセスにおけるリスク要因と保護要因がどのような関係にあるかについて検討し，学校臨床現場における学校不適応感に関する予防的支援方法について指標を与えることを目指す。

第2節　本書の構成

　本書では第1章において，学校不適応感及びリスク要因や保護要因の概念について整理を行うとともにこれまでの該当領域で行われた先行研究についてまとめる。第1節では，人類学と心理学における適応概念の相違点及び適応を状態と捉えた研究と過程と捉えた研究の先行研究について整理する。そのうえで不適応と学校不適

応感の定義の整理と学校不適応感をプロセスから捉えることの意義について検討を行う。第2節では，リスク要因の定義について整理するとともに，学校不適応感のリスク要因を環境要因と個人内要因に分類して，先行研究を概観する。第3節では，保護要因の定義と構成概念について整理を行い，個人の特性に関する保護要因と学校場面に関する保護要因についてまとめ，課題点について検討する。

　第2章では，学校不適応状態のひとつとして先行研究で用いられてきた不登校傾向尺度（五十嵐・萩原，2004）と社会的コンピテンス（Harter, 1982）との関連について探り，社会的コンピテンスが不足することが学校不適応感のリスク要因となり得るかについて検討を行う。その際に，質問紙法と投影法のひとつであるS-HTPの両指標を用いて，学校不適応感と社会的コンピテンスとの関連について，複合的に検証を行う。

　第3章では，予防的観点より学校不適応状態の1つである不登校傾向よりさらに前段階の不適応徴候を測定するために尺度を作成し，信頼性と妥当性について検討する。また，作成した不適応徴候尺度が不登校傾向より前段階にある生徒を察知することができる尺度であるかについて検証するために，不適応徴候尺度が不登校傾向を媒介して，欠席日数等の多さに影響を与えているかについても統計的手法を用いて検討を行う。

　第4章では，学校不適応感のリスク要因に焦点を当て，学校不適応感尺度の高校生版と小学生版を作成し，信頼性と妥当性について検討する。また，小学生に関しては，スクールカウンセラーへの関心について尺度の作成も試み，学校不適応感尺度との関連について探ると共に，学年差についても横断的，縦断的調査を用いて検討する。なお，本書において小学生のスクールカウンセラーへの関心に着目する理由としては，小学生は高校生と比べ友人関係における互恵性によるストレス反応の低減効果が見られないとの報告（谷口・浦，2003）や，社会的サポートの担い手を親や教師などの大人が担っている部分が多いという指摘がなされており（Buhrmester & Furman, 1987; Furman & Buhrmester, 1992; 松本ら，2008），スクールカウンセラーについての関心も探ることで学校不適応感の高い児童の援助方法についての一助となる視点を探ることができると考えたためである。

　第5章では，学校不適応感の保護要因として主観的な役割満足感であるロールフルネス（Kato & Suzuki, 2018）とレジリエンスに焦点を当て，第5章で作成した学校不適応感尺度との関連について検討を行う。ロールフルネスでは，学校不適応感尺度に与える影響について3年間の縦断的調査を用いて，検討を行う。また，レジ

リエンスについては気質的側面と発達過程で身につけていく側面が含まれているとされる。そのため，本書では二次元レジリエンス尺度（平野，2010）を用いて，気質と関連の強い資質的レジリエンスと発達的に身につけやすい獲得的レジリエンスと学校不適応感尺度との関連を検討することで，レジリエンスが学校不適応感のプロセスに与える影響について検討を行う。

　終章では，リスク要因に関する研究と保護要因に関する研究から得られた知見に基づき，本章で設定した課題に照らして学校不適応感のプロセスをどのように理解できるのかについて総合的に検討するとともに，学校臨床場面での実践方法についても考察を行う。

　以上の本書の構成を図示したものが以下である。

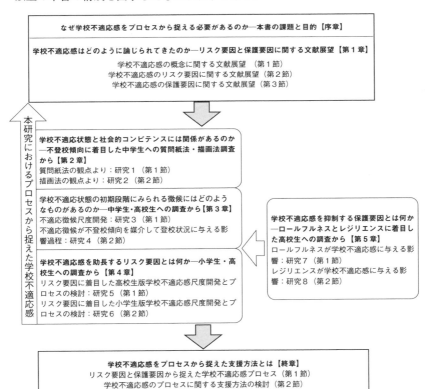

図序 -1　本書の構成

第1章

学校不適応感は
どのように論じられてきたのか
リスク要因と保護要因に関する文献展望

　本章では学校不適応感の先行研究を概観したうえで，本書における学校不適応感の定義を提示する。また，リスク要因と保護要因の先行研究を踏まえ課題点について整理をする。

第1節　学校不適応感の概念に関する文献展望

1　適応について

　適応という言葉は，もともとは生物学者が採用した作業概念である（福島，1989）。その後，適応は生物学，医学，社会学，人類学等，様々な領域において使用され，概念の内容も過程も多岐に渡るものとなっている（Dubos, 1980）。ここでは，とくに人類学と心理学の適応の概念について取り上げることとする。

■ 人類学における適応の概念

　人類学において適応（adaptation）とは「生物がその形態や生理・生化学的機能，行動，生活方法などにつき周囲の環境に上手く対処して生きていくこと」（人類学講座編集委員会，1988）として使われてきた。換言すると，生物が生きるためには，適応をたえず繰り返してきており，生きる環境に適応したものだけが淘汰されることなく生き延びることができると考えられてきた。そのため，人類学の見地では，「適応」と「生存」は同義として捉えられる。つまり，適応とは何かと問うことは，生物の生存とは何かという問いと同じ根を持つものとされてきた。また，適応は，

大きく分けて個別レベル（自己維持）と集団レベルで捉えられている（Symonds,
1946）。個別レベルでは，自己維持をすることであり，食物を探したり敵を警戒した
り等，寿命や生命を維持することが適応の生物学的意義となる。集団レベルでは，
種の保存を目指すものであり，たとえば個体が老齢になると適応力が低下し，その
個体の属する集団の足手まといとなり，集団を危機に陥れてしまうことがある。そ
のため，老化した個体が随時死没することは，集団の適応性を高めることとつなが
ることもあり，個別レベルと集団レベルの適応どちらの観点から論じるかを明確に
することの重要性が指摘されてきていた（人類学講座編集委員会，1988; Symonds,
1946）。しかしながら，生物も種により適応方法は著しく異なり，一般的に下等動物
の適応方法は機械的であり物質レベルにおいて簡単に解釈できる傾向にあるのに対
し，高等動物は複雑で精神面についても考慮しなければ解釈できないことがあると
されている。そのため，人類の適応は生物学的方法ばかりでなく，心理学や社会学
の方法も含めて，考察を行う必要があるとされている（人類学講座編集委員会，1988）。

■ 心理学における適応の概念

　心理学においては，適応に相応する言葉として adaptaion と adjustment を用い
ており，多くの場合前者を「順応」，後者を「適応」として使い分けてきた（北村，
1965）。順応（adaptation）とは，環境の諸条件に対応するような仕方で，主として生
得的なメカニズムによって自らを徐々に変化させる過程を指す。たとえばまぶしさ
に徐々に目が慣れることや，寒暖に対して体温調整がなされること等，知覚や生物
的・生理的現象を説明する際に使用されていることが多い（溝上，2010）。一方，適
応（adjustment）は，個体が環境の条件に対して，ある変容の過程を経て，調和的な
関係にいたる働きを説明することが多い（溝上，2010）。APA Dictionary of
Psychology では，適応（adjustment）には，2つの意味があるとしている。1つ目は
「個人の必要性の認識や変わりたいという願望に基づいて，態度や行動，またはそ
の両方が変化すること」で，2つ目は「個人と環境の間における，つり合いや調和
の程度」とされている（VandenBos, 2013）。このように適応（adjustment）は，受動
的な適合である順応（adaptation）とは異なり，個体から環境への積極的な働きかけ
も含むものとされる。本書では，適応（adjustment）に焦点を当てることとする。

　なお，我が国の適応（adjustment）に関する研究も同様の2つの観点から行われ
ている。原田・竹本（2009）は，これまでの適応研究について先行研究をもとに検
討を行い，環境と個人の視点より大きく2つの流れから捉えられるとしている。

　1つ目は，適応とは個人と環境との関係を表す概念であり，両者が調和した「状態」である（福島，1989; 大貫・佐々木，1992; 大久保，2005）との捉え方である。たとえば，大貫・佐々木（1992）は，生体が環境からの要請に応じ，自己の欲求を満たし，環境との調和を保っている状態を適応状態と述べている。

　2つ目は，適応とは人がその内的欲求と環境との間により調和的な関係を作り出そうとして，自分を変容させる「過程」である（北村，1965：大貫・佐々木，1992）との捉え方である。たとえば，戸川（1956）は適応とは「その個人が所属する集団の要請，またはその代表者の要請の内容に，彼の主体条件が一致するように，欲求の機制に基づいて主体条件の変容を行う課題解決の過程」としている。

　このように適応を「状態」とみるか「過程」とみるかという点について議論がなされてきてはいるが，適応という概念は個人と環境の関係を表す概念である（福島，1989; 北村，1965; 溝上，2010; 大貫・佐々木，1992; 戸川，1956）という点はほぼ共通に指摘されているところであるとしている。以上のように，適応（adjustment）は，個人と環境の関係を表す言葉であり，適応を「状態」として捉えるか，または「過程」として捉えるかにより研究の在り方も異なってくると考えられる。

2 学校適応（school maladjustment）に関する研究

　学校適応に関する研究についても，多くの概念が採用されており，統一した見解が得られていない現状（Ladd, 1996）にある。本書では前述した適応に関する研究と同様に，学校適応に関しても学校適応を「状態」として捉えた研究と「過程」として捉えた研究とに分けて，検討を行う。

■ 学校適応を「状態」として捉えた研究

　学校適応を個人と環境が調和した「状態」であると捉えた研究は，これまで多く行われてきた。そのなかでは，大きく2つの考え方で，検討がなされてきている。

　1つ目としては，学校適応を客観的適応状態もしくは主観的適応状態として着目した研究がなされてきている（大久保，2005）。客観的適応状態の測定には教師の視点からの評定（岡田ら，2016; 大西ら，2012 等）が用いられることがある。その一方で，主観的適応状態に関する研究では，研究者が設定した指標が必ずしも本人の主観的な適応感に一致しているとは限らないとの観点より，個人－環境の適合性の視点（大久保・青柳，2003）から捉えた研究がなされてきている。具体的には，学校適応

感を「個人が環境と適合していると意識していること」と定義し，個人が環境と合っていると感じる際の認知や感情といった内的基準に基づいて学校適応感を捉える尺度の作成がなされている（大久保・青柳，2003; 大久保，2005 等）。

　2つ目としては，学校生活の様々な領域における学校適応との関連について焦点を当てた研究動向がみられる。これまでの学校適応に関する尺度では，学業，友人関係，教師関係，進路意識，部活動等の下位領域の総和を学校適応感として捉えた尺度が検討されてきている（浅川ら，2003; 山口ら，2016 等）。一方，岡田（2008, 2015）は，学校適応を単なる関連する諸要因の集合としてではなく，それら諸要因が何らかの関係性を持ち，互いに影響を及ぼしているものだと捉え，その構造に関して検討を行っている。具体的には学校適応について，友人関係やクラスへの意識，他学年との関係といった「生徒関係的側面」と，教師との関係，学業への意欲，進路意識，校則への意義といった「教育指導的側面」の2側面に便宜上分類した。そのうえで，一方の側面でうまく振舞えなくてももう一方の側面で良好な状態にある生徒では，社会的適応について部分的に困難が残るものの，うまく振舞える側面が学校適応を支えていることを指摘している（岡田，2012, 2015）。このように，学校適応に関するすべての領域が必ずしも良好でなくとも，良好な領域を支えにして学校適応を促せることが明らかとなってきている。

■ 学校適応を「過程（プロセス）」として捉えた研究

　Ladd（1989）は，学校の適応を形作る出来事及び対処と適応のプロセスは本質的に動的であり，慎重に計画された縦断的な調査が必要であることを指摘している。そのうえで，適応の前兆やプロセス及び適応の結果に焦点を当てた一連の流れを明らかにする学校適応に関するプロセスモデルの必要性を指摘している。具体的な適応過程においては，生物学的要因（性別，知能等）及び行動コンピテンス要因（要求に対処するスキルなど）といった個人的，社会的特性の両方の要因が関連しているのではないかと述べている。

　このように適応過程においては，様々な要因が相互に重なり合っている可能性が考えられるが，Masten et al.（1995）はとくにコンピテンスの働きに着目し，児童期（8～12歳）から思春期後期（17～23歳）までのコンピテンスの構造と一貫性について縦断的研究を行った。その結果，児童期のコンピテンスは，学業成績，社会的コンピテンス，行動コンピテンスの3つの次元があり，思春期にはこれに加えて恋愛コンピテンスと職業コンピテンスが追加され，5つの次元でコンピテンスが構成

されていると指摘されている。これらの結果を受け，Perry & Weinstein（1998）は，そのなかでも学校適応にはとくに知的，社会的，行動的機能を含む多面的なタスクから構成されているとしている。大対ら（2007）は，Perry & Weinstein（1998）等の指摘と他の先行研究もあわせて検討を行い，学校適応アセスメントの理論的基盤となる三水準モデルを提唱している。このモデルでは，子どもの行動的機能があり（水準1），その行動を環境がどのように強化して形成していくのかといった環境の効果として社会的・学業的機能があり（水準2），そのような個人の行動と環境の間にどのような相互作用が生まれるかによって学校での適応感が決まる（水準3）という階層構造関係にあるのではないかと指摘している。

　このように，適応を過程として捉えた場合，行動的機能（コンピテンス）により，社会的機能（周りに受け入れられているか等）や学業的機能（学業達成）につながり，結果的にこれらが学校適応や不適応に影響する可能性があるが，実証研究によってはこのような包括的な学校適応のプロセスに関する因果関係についてほとんど示されていない現状にある。

3　学校不適応（school maladjustment）に関する研究

　これまで適応の概念についてまとめてきたが，不適応の概念はどのように定義されるのだろうか。

■ 不適応状態の概念

　不適応に関しても，適応と同様に明確な定義が用いられていない現状にある。しかしながら，不適応とは「不幸にして環境と個人との間に緊張や葛藤が生じている状態（福島，1989）」や不適応状態とは「満足を覚えず，環境との調和を保てず，さらに心身の問題が生じている状態（大貫・佐々木，1992）」のようにこれまで不適応の状態から論じてきた研究が多い傾向がある。一方で，大貫・佐々木（1992）は，適応・不適応を結果として捉えるのではなく，個々人のパーソナリティの変化・成長に及ぼす影響という文脈のもとで捉える必要性を指摘している。そして，不適応状態という一見マイナスに見える現象が，後の成長に不可欠な準備状態として見直される場合もあるとしている。同様に，福島（1989）は，不適応＝異常とは言い切れず，むしろ「不適応」を示す子どもの方が，本当は正常で，「適応」している子どもの方が「異常」という場合もあるのではないかと述べている。このように個体が

一方的に適応できず不適応状態にあると捉えるのではなく，環境側との相互作用が上手くいっていないと捉え，環境側の要因も考慮していくことの必要性も指摘されている。具体的には，環境からの要求が個人の能力にとってちょうどよい場合に，良好な適応状態がもたらされるが，環境からの要求が過小な場合や過剰な場合は，不適応状態となる場合も指摘されている（Kulik et al., 1987）。たとえば，環境上の要求が個人の対処能力を超えるほど大きい場合は，子どもたちは自己疑念や欲求不満，絶望感，失望が生じ，不適応状態となる可能性が高まる（Richman et al., 2004）。このように不適応状態にいたるまでには，児童・生徒個人の対処能力等の問題のみではなく，環境側が個人に対してどのような要求をしているかといった学校環境における問題も関連していると考えられる。

■ 不適応と適応

　一方，時間軸のなかで適応と不適応を捉えていくと，広義の適応という概念はいわゆる不適応も含むものである（北村，1965）との見方もある。生体自身が持っている能力などが偶発的に外的環境条件に適合する場合もあるが，一般的な適応の過程では，生体が環境からの新たな要請に応えたり，自分自身の欲求を充足させたりすることの困難が生じることも考えられ，その克服には時間が必要となる（北村，1965：大貫・佐々木，1992）。またこの困難に対し妥当な解決方法を用いることで克服でき，新たな適応状態に達することもあれば，困難の克服に失敗し，不適応状態に陥ることもある。すなわち，不適応は単純に適応の反対という意味ではなく，適応に包括されるものであり，適応状態にあっても不適応状態に移行することもあるし，不適応が次の適応を促している場合もある。したがって，不適応は広義の意味で適応の一過程としても捉えることができる。このように不適応についても不適応の一時点の状態である不適応状態として捉えるだけではなく，不適応を過程（プロセス）として捉えたり個人と環境との相互作用の視点を用いたりする必要があるのではないだろうか。

■ 不適応を過程（プロセス）から捉えることの意義

　なお，APA Dictionary of Psychology では，不適応（maladjustment）には2つの意味があるとしている。1つ目は，効果的な関係を維持できなかったり，様々な分野でうまく機能したり，困難やストレスに対処したりできないこと。2つ目は，比較的軽度の精神的障害とされている（VandenBos, 2007）。1つ目の定義に関しては，

状態のみではなくその過程についても含有していると考えられる。

　また，戸川（1956）は，不適応を環境と個人との不一致状態との側面からのみ捉えることは妥当ではないとしている。その理由としては，不適応を個人と環境の不一致状態として捉えると，環境が要請する条件と異なる一切の（個人の）条件に関して不適応を認めなくてはならなくなり，不適応が限りなく存在することになってしまう。また，環境から要請された内容と個人が持つ条件との不一致があるからこそ課題を解決するために個人が変容するという適応の過程が生まれるとし，状態としてのみではなく過程として捉えることの意義についても述べている。そのうえで戸川（1956）は，適応とは「その個人が所属する集団の要請，またはその代表者の要請の内容に，彼の主体条件が一致するように，欲求の機制に基づいて主体条件の変容を行う課題解決の過程」であるとしている。一方不適応とは「要請の内容に主体条件が一致しないことではなくて，一致させようとして，色々やってみたが，とうとう一致させえなかった」適応の失敗として捉えられるとしている。そして，一般に欲求の充足阻止からどんな不適応徴候が現れるかといった不適応の過程を調べることの必要性について言及している（戸川，1956）。以上のように適応の対極が不適応なのではなく，適応の失敗が不適応（大久保，2010; 戸川，1956）であるとして捉えられてきており，不適応徴候にいたる過程を調べていくことは不適応の様相を捉えていくうえでも重要である（戸川，1956）と考えられる。

4　本書における学校不適応と学校不適応感の定義

　学校不適応についても同様にこれまで明確な定義は得られていない（大久保，2010）。中山ら（1993）は，「学校不適応」の概念を学校と児童・生徒との関係のなかでおこるものであるとしている。なお，これまでの不適応の概念に関する知見（福島，1989; 大貫・佐々木，1992）を援用すると，学校不適応を状態として捉えるとき，「学校と児童・生徒の関係が上手く調和せずに葛藤が生じ，心身の不調を訴えている状態」であると考えられる。一方，もう少し時間的経過も踏まえたうえで不適応を過程として捉える（VandenBos, 2007; 戸川，1956）と，「学校環境が求める要請に合わせるために試行錯誤してきたが，学校と児童・生徒の間で効果的な関係が維持できず，困難やストレスに対処できないでいる一連の過程」として捉えられる。

　なお適応に関しては，集団としての適応と個人や個体としての適応とがあり，この点について区別する必要性が指摘されている（福島，1989; 北村，1965; 戸川，1956）。

同様に学校不適応においても，学校環境側から捉えた不適応と個人側から捉えた不適応は異なっているということも考え得る。またそもそも主体にとっての環境は，主体と相対的なものとしてのみ存在するもので（北村，1965），客観的な現実と主体が認識している現実とを区別することの重要性が指摘されている（Caplan, 1987）。すなわち，子どもが反応するのは主観的な現実に対してであることが多く（Richman et al., 2004），子どもが主観的に環境をどう捉えているかという点が学校不適応にも影響を与えていると考えられる。

　そのなかで，これまで多くの学校（不）適応研究の調査方法としては，自己記入式の質問紙調査が実施されてきており，これらは子どもが学校環境をどのように捉えており，どう感じているのかについて主観的側面を尋ねて学校（不）適応感を扱ったものである（大久保・青柳，2003; 山口ら，2016等）。

　そこで本書では，学校環境側から捉えた学校不適応ではなく，児童生徒側から捉えた学校不適応感に焦点を当てることとする。そのなかでも学校不適応感をプロセスの観点から捉え，「児童・生徒が学校環境の求める要請に対処できず，学校環境と効果的な関係が維持できずに困難やストレスな状態に至っている一連の過程で生じる主観的な感覚」と定義づけることとする。

　なお，海外ではとくに近年適応に関しても動的プロセスに関する研究が多く行われており，そのプロセスをリスク要因と保護要因として捉えた研究が多く行われている（Fraser, 2004; Pollard et al., 1999; Richman & Fraser, 2001等）。本書では，これらの海外のリスク要因と保護要因の先行研究の知見を参考にして，学校不適応感をプロセスから捉えることで，学校場面における予防的活動の一助となり得ると考える。

第2節　学校不適応感のリスク要因に関する文献展望[1]

1 リスク要因とは

　本書では，「リスク要因」について，不適応への可能性を助長するあらゆる影響を意味し，より深刻な不適応状態へと悪化させていることや，不適応状態を持続させることに寄与する影響として用いる（Coie et al., 1993）。そこで，まず環境要因に

---

1) 本節は，鈴木・加藤（2016）の一部を基に加筆，修正したものである。

ついては家庭要因と友人関係要因について取り上げ，その後に個人的要因について
もまとめることにする。

2 環境リスク要因

■ 家庭のリスク要因

　家族との関係性について調査した研究では，子どもの不適応と夫婦関係の乏しさ
（Buehler et al., 1997），子どもを含んだ家族同士の関わりの希薄さ（Resnick et al.,
1997）が，学校場面における不適応にも関連していることが示唆されている。また，
親がうつ病や統合失調症の疾患を有している場合，そうでない親に比べて，子ども
が学校で問題行動を起こしており，子どもの精神疾患の出現率も高いことが報告さ
れている（Weintraub, 1987）。すなわち，統合失調症の母親は，妄想や幻覚，不条理
な感情といった症状のため，またうつ病の母親も抑うつ症状を起因としたエネルギ
ーや興味の減退により，子どもへの応答性が乏しくなることが，子どもの問題行動
につながっているのではないかと推察されている（Goodman, 1987; 菅原，1997）。と
くに抑うつ症状を持つ母親は，子どもの社会的引きこもり，身体化症状，不安及び
抑うつ，及び外在化問題（注意欠陥，多動，攻撃的行動，非行行為）等との関連が報告
されている（Lee & Gotlib, 1989）。これらの母親の抑うつ症状と問題行動を媒介する
ものとして，母親と子どものあたたかい関係が関与していることが明らかになって
おり，母親の抑うつにより，母子関係のあたたかさが失われることで，子どもの問
題行動の頻度が高まることが示唆されている（Harnish et al., 1995）。しかしながら，
菅原（1997）も指摘している通り，たとえ母親がうつ症状を有していても，母親以
外の父親や祖父母，教諭等複数の愛着対象がいることで，その後の発達への影響は
異なってくると考えられる。具体的には，生徒が教諭と良好な関係を経験すること
で，ネガティブな感情を保護してもらい，情緒的な問題に対処する力を増やすこと
ができるとの指摘もある（Solomon et al., 2000）。うつ病を持つ母親との関係を有す
る子どもに関しては，教諭やスクールカウンセラーが関わりを増やすことで，生徒
が悩み事などを話せる環境づくりをしていく必要がある。

　なお，子どもへの不適切な関わりにおける暴力のサイクルに関する研究もみられ
る。虐待を受けた子どもは，そうでない子どもよりも，思春期に行動上の問題を起
こしやすいことが広く指摘されている（Rutter et al., 1998; Widom, 1999）。その背景
としては，虐待を受けた子どもは，虐待を受けなかった子どもと比較すると，感情

の統制，共感性の表出，自分の興奮状態の見極め，社会的な情報の解釈において深刻な問題を示しやすい（Dodge et al., 1990）。その結果，他者の行動の解釈や感情の抑制がうまくできず，暴力や他者をいじめる等攻撃的な行動に関するリスクが増加することが報告されている（Dodge et al., 1990）。

　また，親子の愛着関係等の関係性といった観点から学校不適応との関連について調査した研究も見られる。親子間が相互に不信関係である場合，学校生活においても不適応傾向である点や（酒井ら，2002），幼少期の父母に対する愛着と学校不適応についても関連があることが示唆されている（五十嵐・萩原，2004; Ainsworth et al., 1978）。具体的には，男子の場合は幼少期の親との不安定な関係が，その後の児童期における攻撃性や引きこもりを予測している（Ainsworth et al., 1978）。一方，女子の場合は幼少期の母親への愛着が不安定な場合や父母間の愛着にズレが生じている場合に，不登校傾向が高まることが指摘されている（五十嵐・萩原，2004）。以上のように，学校不適応に関連する家庭要因としては，家族間の関係性の乏しさや親子の関係性が，子どもの学校不適応感に影響を与えていることが示唆される。

　とくに社会的スキルの欠けた家族関係では，子どもにおいても社会的な手がかりを「読む」ことや，行動を適合させる方法が分からないために，支えてくれる仲間もできず，孤立しやすいことが指摘されている（Buhrmester, 1990; Savin-Williams & Berndt, 1990）。このように家庭内での社会的スキル経験の乏しさから，子どもたちが社会的スキルを習得する機会が不足することにつながり，結果的に友人関係を築いていく際に負の影響を及ぼしている可能性についても明らかになってきている。

■ 友人集団のリスク要因

　友人との良好な関係は，発達的な側面，健康，そして学校適応において重要な役割を有している（Asher & Rose, 1997）。我が国においても，友人との良好な関係が，学校ぎらい感情（古市，1991）や欠席願望（本間，2000）を低減するとの結果が得られている。

　それでは，青年期における良好な友人関係とは，どのような友人関係を示すのであろうか。従来，青年期は第二の分離個体化と呼ばれ，親からの精神的自立に伴う孤独感を持ちやすくなるが，その際に友人との関係が重要となることが指摘されていた（Blos, 1967）。具体的には，友達と一緒に活動することで，考えや意見を交換したいと願い（Youniss & Smollar, 1985），親密で内面を開示するような関係を求め，これが新たな自己概念を獲得することにつながる点が報告されている（西平，1973）。

しかし，近年友人関係の表面化，希薄化が指摘されている（上野ら，1994））。具体的には，友人から低い評価を受けないように警戒し，互いに傷つけあわないために，心理的距離の遠さを保った友人との関係性である（大平，1995）。その一方で，インターネット等の手段を用いて，友人関係を切らさないように努力する等，強い同調性も有している（土井，2014）。石本ら（2009）は，女子中高生を対象に調査した結果，心理的距離が近く，同調性の低い友人関係をとる者は，心理的適応，学校適応もともに良好であるのに対して，表面的な友人関係をとる者は，心理的適応，学校適応ともに不適応的であることを指摘している。すなわち，拒否されることの怖さから，友人と表面的に付き合うが，そこでは十分な情緒的なサポートが得られず，また現実の自分を直面し，受け止めてくれる機会を逸することになる。とくに適応は，理想的自己と現実的自己の差が大きいほど，適応が低下する。また，適応とは内的適応と外的適応からなると考えた時，外的適応はできていても，内的適応はできず，不確かな自己像という課題を持つことになる。

　発達的側面より考えると，小学高学年より情緒的なサポートを提供する相手が，主に保護者から親しい友人へと変化していく時期である（Selman & Schultz, 1990）。そして，児童期は，行動や能力など活動性を中心とした自己把握を行う時期であるが，青年期初期においては対人関係など社会的側面による自己把握へと変化していくと指摘されている（Damon & Hart, 1982）。そのため，友人関係が損なわれている場合，情緒的サポート及び周りに受け入れられていない自分として自己を認識し，自尊感情が低下することが考えられる。実際に友人からの受容や好意あるいは双方的な友人関係が，孤独感や抑うつ，落ち込みを低め，自尊感情を高めることが示唆されている（Parker & Asher, 1993; Vosk et al., 1982; Wentzel et al., 2004）。一方，友人からのサポートの少なさ（Cauce et al., 1996）や友人からの拒否（Schwartz et al., 1998）が，青年期の生徒に負の影響を与えていることが示されている。

　そのなかでもとくに友達から過去及び現在に受けたいじめは適応と負の関連をしていたとの報告がある（Smithyman et al., 2014）。三島（2008）は，親しい友人からの「いじめ」を小学校高学年の頃に体験した生徒は，そうでない生徒より，高校生になってからも学校不適応感を強く持ち，友人に対しても不安・懸念が強いことを示唆している。

　このように，いじめをうけた経験のある生徒や，情緒的なサポートを友人から得られていない生徒は，不適応のリスクが高いことが示唆されている。支えてくれる友人を持たない 10 代の青年には，友情を形成し維持するためのスキル訓練が必要

な青年もいる（Savin-Williams & Berndt, 1990）。上記の先行研究によれば，社会的スキルを向上させる機会を提供することにより，良好な友人関係が促進され，他者との連帯感を向上し，周りに受け入れられている自分を認識することで，結果的に適応感を向上させることができると考えられるのではないか。これらのリスク要因のプロセスについて量的研究等を用いて検証していく必要がある。

3 個人内リスク要因

　まず，社会的コンピテンスが不足している子どもたちは，普通の子どもたちと比較して，内在化問題（抑うつなど）のリスクが高くなること（Burt et al., 2008）や，外在化問題（非行など）のリスクが高くなること（Wang, 2009）が指摘されている。日本においても，社会的スキルと適応との関連が指摘されており，社会的スキルが発揮されないことが，学校集団のなかで承認されないことにつながり，結果的に不適応につながる可能性について示唆されている（粕谷・河村, 2002）。

　Trueman（1984）は，不登校生徒の特徴として，不安が強く，分離への大きな恐れを持っていると述べている。また，不登校生徒は，無気力傾向（本間, 2000）であることや，神経質（田山, 2008）であることや，内向的（佐藤, 1968）である等の性格特徴が報告されてきている。

　一方，非行生徒の特徴としては，注意欠陥性多動障害との関連が見られること（Offord et al., 1992），また両親が反社会的障害であった場合や言語的な知能が平均以下であるときに不適応リスクが高まることが指摘されている（Lahey et al., 1995）。

　また，このような行動上の問題が生じている生徒の背景には，うつが見られる可能性が指摘されている（Puig-Antich, 1982）。とくに女子においては，10歳時点での内在化問題（身体的な問題や内気であること）は，13歳までに外在化問題（反社会的な行動等）へ移行することが示唆されている（Wångby et al., 1999）。また，これらのうつ症状は，物事を知覚する認知の様式と相関があることが指摘されている（Seligman, 1975）。これらの認知様式についての修正としては，認知行動療法が有効であることが報告されている（Beck, 1995）。そのため，抑うつ症状が見られる生徒については，早期の段階で相談に乗るなどして，サポートしていく体制作りが求められている。

4　学校不適応感のリスク要因に関する問題

　最後に，学校不適応感のリスク要因の課題についてまとめたうえで，学校不適応感のリスクを緩和し，子どもたちが適応的に学校生活を送るために必要な視点について展望を述べる。

　学校不適応感のリスク要因としては，大きく分けて2つの視点から捉えることができる。1つは，社会的コンピテンスの不足といった側面であり，もうひとつは家庭や友人関係の希薄さ，もしくは不安定さに起因するものである。

　そのため，今後社会的コンピテンスが不足し，友人関係に不安を抱えている子どもを早期に察知するアセスメント方法の確立が重要となる。社会的コンピテンスが不足している生徒のなかには，すでに友人関係でトラブルとなり，幾度となく教員が仲介する機会を持つことができているケースもある。そのようなケースでは，社会的コンピテンスのなかでも，アサーション（自己主張）スキル等のコミュニケーションスキルの不足によるものなのか，問題解決能力の不足によるものなのか等，その背景や原因について詳しくアセスメントする必要がある。そのうえで，積み残している社会的スキルをひとつずつ丁寧に教えていくことが大切となる。一方，自分を出さず環境に合わせる等して外的適応はできていたとしても，自分の気持ちを伝えることができず内的適応に関しては十分満たされていない子どもたちもいる。そのような子どもたちは，周囲の大人が気づかないうちに不満を溜め込み，自分らしさが分からなくなり，突然不登校という形や自傷行為という形で顕在化する場合もある。そのため，これらの過剰適応傾向の子どもたちの心理的サインについてもさらに検討していく必要がある。

　一方，このようなリスクの高い子どもたちには，どのような学級環境を提供することで，リスクを緩和することができるのだろうか。Baker（1998）は，フレンドリーで支持的で暴力がないと感じる学級環境が，学校満足感と関連していることが示唆している。すなわち，支持的な学級状況が，直接的に学校満足感に影響を与えているとともに，ストレスや心理学的な苦痛への影響を低減することを通して，間接的にも学校満足感に良い影響を与えていることを明らかにしている。また，我が国において中学生の欠席願望を抑制する要因について調査した研究では，「学校魅力」「対友人適応」「学習理解」「規範的価値」が欠席願望を抑制することに影響を与えていることが明らかとなっている（本間，2000）。このように，学校不適応感のリスクを緩和する学級環境としては，学習についていけない子どもへの親身なサポート，

また規範的価値について伝えていくこと，友人関係を促進すること，そして支持的な雰囲気を作っていくことが重要であることが推察される。

このようにリスク要因を抑制する保護要因について現在，盛んに検討されている。次節では，学校不適応感の保護要因に関する先行研究について概観する。

第3節　学校不適応感の保護要因に関する文献展望[2)]

1 予防的活動

心理の国家資格として誕生した公認心理師の役割には，心の健康教育をはじめとした予防的活動に携わることが挙げられている。そのため，今後学校場面における予防的活動及び当該領域における研究への期待が益々高まっていくと考えられる。

予防に関する分類方法については，まず Caplan（1964）が，公衆衛生の観点より早期の段階で介入することを目的として「1次予防」「2次予防」「3次予防」に分類した。1次予防とは，問題が起こる前の一般の人々に対して介入を行うこと，2次予防とは，本格的な病気となる前段階で，問題が早期の段階で働きかけを行うこと，3次予防とは，病気や問題が蔓延し，深化するのを抑える働きを行うことを意味する。このようにどの段階で働きかけるかにより，その援助方法が異なると指摘した。

続いて，米国医学研究所は，医学的観点より対象者と疾病のリスクに焦点を当てた分類を提唱した。第1には，一般的な人たちすべてを対象とする Universal（以下，一般型）レベルである。第2には，精神障害のリスクが平均と比べ高い個人や集団を対象とする Selective（以下，選別型）レベルである。第3には，多少ではあるが精神障害の徴候や症状のある個人や現時点では診断基準に当てはまらないが精神障害の生物学的な弁別的特徴のある人を対象とする Indicated（以下，特定型）レベルの予防介入である。第4には，もうすでに診断されている児童青年を対象とする Treatment（以下，治療型）レベルの予防介入である（Mrazek & Haggerty, 1994）。Caplan（1964）の分類と医学研究所の分類の相違点としては，「1次予防のなかでもハイリスク群に対するアプローチ」を「選別型レベルの予防」とし，「2次予防のすべての形式」を「特定型レベルの予防」と改名した点である。つまり，精神障害の徴候を表す（特定型）前の，ハイリスク群（選別型）に早期に働きかけることの重要

2）本節は，鈴木（2018）を基に一部加筆，修正したものである。

性について考慮したためであると考えられる。

　このような予防的活動が注目されるなか，第 2 節で概観してきたように子どもたちの不適応問題に影響を与えるリスク要因についての研究が多くなされてきた。たとえば，児童期における虐待の経験は，アルコール中毒，薬物乱用，うつ病，自殺企図等の健康リスクが成人期に高くなること（Felitti et al., 1998）や，貧困と成績不振との関連等についても指摘されてきた（Duncan et al., 1994）。しかしながら，これらのリスク要因を抱える子どもたちすべてが不適応状態となるわけではないことも報告されている（Garmezy, 1971）。

　このような流れを受け，2009 年には全米科学アカデミー（NAS）委員会は，従来からの予防（prevention），治療（treatment），維持（maintenance）の観点に加えて，「メンタルヘルスの促進」に焦点を当てることの必要性を指摘している。具体的には，不快な感情や行動への対処方法を提案し，青年期における精神的健康を高めるための保護要因（protective factor）を特定し，普及させること及び支持的な家庭，学校，地域環境を促進するよう努めることを強調している（O'Connell et al., 2009）。このように予防を前提とするリスク要因について数多くの研究成果が挙げられてきたが，リスク要因のみならずメンタルヘルスを促進する保護要因についても研究することの重要性が指摘されてきている。しかしながら，青少年の保護要因等に関する実証研究は，まだ少ない現状にある（O'Loughlin & Hudziak, 2017）。本邦では，今後とくにスクールカウンセラーが予防的活動を行っていくことの重要性が指摘されてきているため，保護要因に関する先行研究を概観し，今後の課題点について明らかにすることに意義があると考える。

　そこで，本節では具体的には以下の 3 つの目的に沿って論を進める。第 1 に，保護要因についての定義をはじめ構成概念等について概観する。第 2 に，とくに個人の特性及び学校場面に関する保護要因に焦点を当て，関連の先行研究を整理する。最後に，学校不適応感を抑制する保護要因に関する今後の研究課題を明らかにする。

2　保護要因とは

■ 保護要因の定義

　これまで保護要因は，様々な観点より議論されてきた。まず，痛みを保護するとの観点から捉え，保護要因とは心理的な痛みから若者を保護することを助ける出来事や状況，人生の経験であるとの定義である（Resnick, 2000）。一方，問題行動の観

点より捉えた立場もあり，保護要因とは不適応に関する問題行動に関与する可能性を減少させるもの（Jessor et al., 1995）として定義づけられている。このように保護要因とは，心理的痛みを伴うような困難な状況下でも，不適応問題を抑制する防御要因であると考えられる。

■ 保護要因の構成概念

　困難な状況下でも，不適応問題を抑制する保護要因とはどのようなものが該当するのだろうか。Hawkins et al.（1992）によると，思春期に青年の健康行動に影響を与える様々な保護要因は，単一なものではなく，いくつかの保護要因が相互作用しているとの仮説を立て，検討を行っている。その結果，保護要因は個人／ピア領域，家族領域，学校領域，コミュニティ領域を含む4つの領域内で構成されていると報告している。具体的には，個人／ピア領域の保護要因のなかには，健全な信念と行動の明確な個人的基準が含まれる。また，家族領域の保護要因には，食事を一緒にとること，両親との良好なコミュニケーション，明確な親子の境界，家族との愛着及び家族の参加機会等が含まれていた。学校領域の保護要因については，学校エンゲージメントや課外活動，積極的な行動に対する学校からの評価など学校への結びつきが関連していた。地域の保護要因としては，積極的な行動に対する地域社会の報酬や，積極的な行動を支持し強化するコミュニティ法や規範が含まれていた（Hawkins et al., 1999）。一方，Jessor et al.（1995）は，保護要因には直接的に影響を与えている要因のみではなく，間接的に影響を与えている要因もあることを報告している。そのなかで，最も重要な直接的な保護要因としては，逸脱を控える態度など自己をコントロールする力であったと指摘している。次に重要だったのは，学校を含めた慣習的な制度にコミットメントする順応力を持っていることであったと報告している。一方，最も大きなリスク要因としては，自尊感情の低さや絶望感といった個人の脆弱性や成功体験の少なさを挙げている。このようなリスク要因から安易なゴールを求め，問題行動をしている友人との関係を持つ等して，反社会的行動につながるケースについても報告されている。そのうえで，以下の3つの心理社会的システムを用いて，保護要因を概念化している。具体的には，1つ目に，保護要因は健康の価値や健康を損なう行動を知覚し自分をコントロールする等，健康を促進する行動及びパーソナリティも含めた一連のシステムである。2つ目に，保護要因は大人との良い関係，慣習的な行動を模倣するモデルとなるような友人に対する意識も含めた関係を基盤とするシステムとしている。3つ目に，保護要因とは地域

社会奉仕事業のためのボランティア活動，親と娯楽時間を過ごし，宗教的機会に参加する等の家族活動への従事や社会的行動への関与等の行動システムであるとしている。

　以上のように保護要因は，個人の特性，家族，学校，コミュニティといった多層的な要素から構成されていることが考えられる。また，リスク要因の削減だけに焦点を絞った従来のアプローチと比較して，リスク要因を減らしながら保護要因を促進する二重戦略の有用性を評価することの意義が指摘されている（Resnick, 2000）。その流れのなかで，注目されるのが以下に述べるレジリエンスである。

■ 保護要因とレジリエンス

　レジリエンスとは当初「傷つきにくい」と分類されていた（Anthony, 1987）。しかし，近年ではより多角的な視点よりレジリエンスを捉える流れがある。

　まず，レジリエンスを個人内の資質や能力，性格として捉えた視点である。Olsson et al.（2003）によると，レジリエンスとはしなやかな資質を有していること（Harriman, 1959）や，環境を変えることで適応する力（Cicchetti & Cohen, 1995），ハーディネスで傷つきにくい性格（Kobasa, 1979; Rhodewalt & Zone, 1989）と定義づけられていた。しかしながら，近年レジリエンスをこのような個人内の静的な資質としてのみ捉えるのではなく，個人内外での相互作用といった動的なプロセスとして捉える視点が注目されている。具体的には，レジリエンスは，ストレスフルな生活イベントの影響を修正するように作用する，個人内・外のリスクプロセスと保護プロセスの相互作用を含むプロセスとして概念化されている（Rutter, 1999）。また，Masten et al.（1990）は，レジリエンスを3つの類型より捉えている。「困難を克服すること」「ストレスのもとでも維持される能力」「トラウマからの回復」である。そのうえで，重篤な逆境を経験している子どもたちは，コンピテンスの高い大人とのポジティブな関係のなかで，より回復する傾向にある点を指摘し，今後のレジリエンス研究は適応を促進するプロセスに着目していく必要性を示唆している。このようにレジリエンスはパーソナリティといった個人内特性としてのみ捉えるよりも，リスク要因と保護要因の相互作用及び個人，家庭，コミュニティといった多層的な指標（Luthar, 1993）の観点より捉えた動的なプロセス（dynamic process）としての側面に焦点を当てていく必要性が指摘されている（Luthar et al., 2000）。

　それでは，レジリエンスを動的なプロセスから捉えた場合，レジリエンスの機能を促進する変数とは具体的にどのようなものがあるのだろうか。Luthar &

Cicchetti（2000）は，レジリエンスの機能を促進する変数として少なくとも3つの レベルがあるとしている。1つ目は，肯定的な自尊感情，おおらかな気質，高い知 能，ユーモアのセンスなどの個人内の要素である。2つ目は，特定の育児様式や家 族以外の成人との肯定的な関係との同一化等，家族や他者との対人関係プロセスに 関わる要素である。3つ目は，学校環境，特定のタイプの居住地区などのより広範 な社会的環境の特徴が含まれるとしている。具体的に，レジリエンスについて，個 人内の遺伝的要因と社会的要因との関連について調べた研究では，認知能力や攻撃 性の欠如といった遺伝的要因がレジリエンスに大きく関与する可能性を強く示唆し ながらも，社会的要因の影響についても重要であったことを指摘している（Kim-Cohen et al., 2004）。

　レジリエンスにおける社会的要因の重要性について，Masten（2001）は，どのよ うな困難な状況であってもレジリエントな子どもたちなら乗り越えられるというわ けではなく，レジリエントな子どもたちは人的資源を得られるような環境をうまく 見つけだす力がある点を指摘している。このように，レジリエンスはこれまで個人， 対人関係，社会システムレベルでの保護要因として検討されてきたが，近年家族外 の大人，学校，その他の地域社会に根ざした施設と強くつながっている，そして身 近に感じるといった「連帯感」の効果についても焦点が当てられてきている （Resnick et al., 1997）。このように考えていくと，レジリエンスは個人内の特性にと どまらず，学校環境等との関係性そのものが，個人のレジリエンスを強化する等， 多層的な視点が必要となる。

　とくに近年，学校場面におけるレジリエンスとして教育的レジリエンス（educa-tional resilience）の研究がなされてきている。教育的レジリエンスとは，個人の脆弱 性をはじめとした特性を持ち，環境上でも逆境に立たされているにもかかわらず， 学校生活や他の生活でも物事を上手く達成する可能性の高まりを示すことであると 定義されている（Wang et al., 1994）。つまり教育的レジリエンスの研究は，リスク 状況から引き起こされる悪影響下のなかでも，最終的に学校生活等での成功を生み 出す保護要因を特定し，促進することを目指すものである（Wayman, 2002）。

　以上のように，学校不適応感を抑制する保護要因を解明することは，教育的レジ リエンスを育成するうえでも不可欠なものであると考えられる。なお，教育的レジ リエンスの保護要因等は，主に個人要因と環境要因に分類できる（McMillan & Reed, 1993）ことが指摘されている。本節においても，とくに学校不適応感を抑制す る保護要因に焦点を当て，個人の特性及び学校場面に関わる保護要因についての先

行研究を概観する。

3　個人の特性に関する保護要因

　本研究では，個人の「性格的な特性（McAdams, 2010）」として挙げられているビッグファイブとハーディネスについて，とくに焦点を当て，学校不適応感との関連についてまとめることとする。

■ ビッグファイブ

　ビッグファイブとは，パーソナリティを外向性（extroversion），協調性（agreeableness），勤勉性（conscientiousness），神経症傾向（neuroticism），開放性（openness）の 5 つの次元で捉えるものである（John et al., 2008）。

　まず，勤勉性は，薬物乱用，喫煙及び危険な性逸脱行為等の不適応行動と負の関連があることが示されており，運動，より良い食事を摂取する等，健康に関連する行動の強力な予測因子であるとの報告がなされている（Bogg & Roberts, 2004）。加えて，勤勉性と協調性は，教会への出席やボランティア活動等，地域社会における意味のある向社会的活動を行う傾向が予測（Lodi-Smith & Roberts, 2007）されており，適応行動を予測する因子であることが考えられる。また，開放性の高さは，複雑で挑戦的な環境を好む傾向にあることが指摘されており（McCrae & Costa, 1997），複雑な環境でも適応する力を有しやすい可能性もある。

　なお，ビッグファイブと不適応に関する縦断的研究では，20 歳と 30 歳の時に逆境に強くコンピテンスが高いレジリエント群は，コンピテンスが低く逆境に弱い不適応群より，10 歳時における勤勉性，協調性，開放性が高く，神経症傾向が低かったことが報告されている（Shiner & Masten, 2012）。また 20 歳時に不適応群であったが 30 歳時にレジリエント群に変化した群においては，継続的に不適応群であった群より，10 歳児における勤勉性が高かったことも報告されている。このように，ビッグファイブの勤勉性と協調性，開放性の高さ及び神経症傾向の低さは，学校不適応感の保護要因となると考えられる。

　しかしながら，これらの研究は自己記入式の質問紙調査である点と縦断的研究が少ない等の点も指摘されている（Goodman et al., 2017）。パーソナリティ特性は成人期には安定する傾向にあるが，意図的な活動及び環境刺激に応答して変化する可能性も示唆されている（Robert et al., 2006）。このような指摘を踏まえると，思春期や

前青年期においては，ビッグファイブと学校適応感との関連についても発達的変化がみられる可能性が考えられ，縦断的な調査を用いて，ビッグファイブと学校不適応感との因果関係について詳細な検証を行う必要がある。

■ ハーディネス

ハーディネスとはストレス状況下において，レジリエンスを促進する姿勢（attitudes）や戦略（strategies）もしくは技術（skills）である（Maddi, 2013; Maddi & Khoshaba, 2005）。具体的には，3つのハーディネスの姿勢がある。1つ目は，チャレンジであり，強いチャレンジの姿勢を持っているならば，人生はストレスに満ちているということを受け入れ，ストレスの多い状況下でも知恵と能力により成長することができる機会とみなし，利益に変えようとすることができる。2つ目のコミットメントの姿勢は，悪いことが起こっても孤立や疎外感を抱くのではなく，起こっていることに関わり続けることが重要であるという信念が含まれている。そして，3番目のハーディネスの姿勢はコントロールであり，悪いことが起こっても，ストレスを成長の機会と捉え，無力感に陥り受動的になるのを防ぎ，ストレスを成長の機会に変え続ける力になるとしている（Maddi, 2013）。また Maddi & Hightower（1999）は，ハーディネスな態度は，問題解決対処とは正の関連がみられ，回避対処とは負の関連があったことを示している。加えて，ハーディネスな態度は，うつ病や怒りと負の関連があることも報告されている（Maddi, 1999）。このように，ハーディネスは，学校不適応感と負の関連があることが考えられる。

また上述したビッグファイブとの関連については，ハーディネスの特徴を持つ人は勤勉性と開放性が高く，神経症傾向は低い傾向（McAdams, 2010）が指摘されている。そのため，学校不適応感に関する保護要因としては，勤勉性，開放性とハーディネスの高さ及び神経傾向の低さが関連していることが考えられる。一方で，ハーディネスは主に職業領域で使用されることが多く，学校場面に関する研究は少ない現状にある。今後，学校適応とハーディネスとの関連についてさらなる検証を行う必要がある。

4 学校場面に関する保護要因

学校場面における保護要因については，これまで友人関係や教師との関係について数多く研究されてきた。たとえば友人関係においては，親密な友人関係を持つ生

徒はそうでない生徒に比べて，社会的行動，学業成績も高く，感情面でも心理的苦痛を感じている者が少なかったとの指摘がなされている（Wentzel et al., 2004）。また，教師との関係においても，生徒と教師の良好な関係が，成績の向上及び中退を減らすことにも関連していることが報告されている（Barile et al., 2012; Croninger & Lee, 2001）。

　その一方で，友人関係や教師との関係と学校適応を媒介する要因として学校エンゲージメントが注目されている（Fall & Roberts, 2011）。また，生徒と学校をつなぐ場として，課外活動に焦点を当てた研究も増えてきている（Mahoney & Cairns, 1997）。本書では，学校不適応感を保護する学校場面に関する要因として，課外活動と学校エンゲージメントに焦点を当てることとする。

■ **課外活動**

　近年，課外活動と適応問題との関連について検証されてきている。なお，ここでいう課外活動とは，通常授業外の時間で学校施設内にて行われる活動のこととする。具体的には，陸上競技，演劇，美術活動等の生徒が関心を持つ分野の部活やクラブ，生徒会等が含まれる（Mahoney & Cairns, 1997）。課外活動と中退率との関連について調べた研究では，早い段階で課外活動に参加した生徒は参加していない生徒に比べて，とくにリスクが高い生徒において犯罪逮捕率や中退率が低下することが指摘されている（Mahoney, 2000; Mahoney & Cairns, 1997; Randolph et al., 2004）。しかし，もともと優秀でコンピテンスが高い生徒においては，関連が見られなかったとの報告もある（Mahoney & Cairns, 1997）。課外活動が適応と関連がある背景としては，課外活動に参加することで対人関係のコンピテンスが向上するため，とくに平均以下の対人関係コンピテンスを持つ生徒においては最も顕著に効果がみられたことが指摘されている（Mahoney et al., 2003）。一方で，課外活動の種類によっても異なることも示されている。McNeal（1995）は，陸上競技や美術などの課外活動への参加は大幅に中退率を減少させていたが，学業や職業に関連するクラブについては，効果がなかったことを報告している。

　このように課外活動は，とくにリスクの高い生徒ほど，中退や犯罪率の低減に寄与する傾向にあり，保護要因として機能していることが指摘されてきている。その背景としては，課外活動を通して，対人関係能力が向上し（Mahoney et al., 2003），学校関連の友人関係ネットワークができることで学校とのつながりが強化され，不適応行動が抑制され，保護要因として作用する（Mahoney, 2000; Ream & Rumberger,

2008) ことが考えられる。一方で，課外活動の種類により効果に違いが見られることも指摘されており（McNeal, 1995），その背景として課外活動の目標や風土，成員間の関係性，顧問の役割等が関与していることも考えられる。今後，課外活動の種類や風土等により学校不適応感に与える影響が異なるかについて詳細な研究が必要となる。

■ 学校エンゲージメント

エンゲージメントの概念については，与えられた状況や活動への個人のコミットメントと参加（Appleton et al., 2008）とされている。学校場面に関するエンゲージメント（engagement）は，学校エンゲージメント（school engagement），生徒エンゲージメント（student engagement）等多岐に渡る（Ream & Rumberger, 2008）。しかしながら，エンゲージメントの下位概念としては，共通して行動的関与（behavior engagement），感情的関与（emotional engagement），認知的関与（cognitive engagement）の3つが挙げられることが多い（Ream & Rumberger, 2008）。たとえば学校エンゲージメントの場合，行動的関与は学校に出席することや課題を終わらせること等が含まれる（Fredricks et al., 2004; Zaff et al., 2017）。感情的関与は，教師や友人たち，学業面や学校に対しての感情及び学校所属感等のことである（Fredricks et al., 2004）。認知的関与については，メタ認知方略を用いた学習のための自己制御方法等が含まれる（Wang & Eccles, 2012）。これらのエンゲージメントの下位概念は相互に影響関係があると指摘されてきている。たとえば，感情的関与は，行動面での不安を低減させ，行動的関与を促進することが指摘されている（Skinner et al., 2008）。逆に言うと，学校に対して感情的に嫌悪感を持っている生徒は，努力することを放棄し，授業に参加することを止め，孤立感を抱く。また，低い行動関与は感情関与を低下させる結果も得られており，行動関与が低い場合は，肯定的な感情も低くなり，退屈，不安，欲求不満等を生じることも報告されている（Skinner et al., 2008）。

学校エンゲージメントと非行などの不適応問題との関連についても指摘されてきている。具体的には，中高生を対象に学校エンゲージメントと問題行動との関連を調べた研究では，学校に関しての行動的関与と感情的関与が低下した生徒は，非行行動や薬物使用等の反社会的行動が時間の経過とともに増加することが報告されている（Wang & Fredricks, 2014）。小中学生を対象とした研究においても，行動的関与と感情的関与は非行行動に負の影響を与えていることが報告されている。しかしながら，認知的関与は非行行動と正の関連が見られた。この背景としては，失敗に

対して振り返りをしても成績が良くならない場合，学校への不満を感じ，非行行動に移行する可能性も示唆されている（Hirschfield & Gasper, 2011）。

　また，非行などの外在化問題のみではなく抑うつなどの内在化問題と学校エンゲージメントとの関連も指摘されている。たとえば，小学5年生〜中学2年生における学校エンゲージメントと不適応との関連について調べた研究では，学校エンゲージメントの行動的関与と感情的関与が抑うつ，非行，薬物使用の低減と関連していることが報告されている（Li & Lerner, 2011）。

　このように学校エンゲージメントは学校不適応に関する外在化問題及び内在化問題を抑制する保護要因であることが考えられる。一方で，学校エンゲージメントの認知的関与に関しては，感情的関与や行動的関与と異なる結果が得られており，今後その背景について多角的に検討していく必要がある。

5　学校不適応感の保護要因に関する研究課題

　これまで学校不適応感に関する保護要因について，先行研究を概観し，検討を行ってきた。保護要因の概念は，心理的痛みを伴うような困難な状況下でも不適応問題を抑制する防御要因として捉えられた。また，保護要因は個人特性，家庭環境，学校環境，地域環境といった生態学的観点（Bronfenbrenner, 1979）を取り入れ，リスク要因との相互作用に着目し，プロセスを解明していくことが重要であることが考えられた。また，個人特性であるビッグファイブ（とくに勤勉性・協調性・開放性の高さ，神経症傾向の低さ）やハーディネスが学校不適応感の保護要因として働くことが報告されていた。加えて，学校場面に関する保護要因として，課外活動はとくにリスクの高い生徒ほど対人関係コンピテンスを向上する機会となり，学校とのつながりが強化され，不適応を抑制する機会となることが示されていた。学校エンゲージメント（とくに感情的関与と行動的関与）についても，外在化問題及び内在化問題を抑制することが報告されていた。これらの保護要因は，個人と学校のつながりを強化することで，不適応行動を抑制し，適応行動を促していたと推察される。

　一方，本節で取り上げた先行研究を概観したなかで，以下の研究課題が考えられる。

　第一に本節で焦点を当てた個人の特性であるビッグファイブ，ハーディネスと学校環境に関与する課外活動，学校エンゲージメント，そして学校不適応感との一連のプロセスについてはまだ明らかにされていない現状にある。これらの関係性につ

いて概念化するうえで McAdams（2010）の理論が役に立つように思う。McAdams（2010）は，パーソナリティについて①性格的な特性（dispositional traits），②特徴的な適応（characteristic adaptations），③集合的なライフナラティヴ（integrative life narratives）といった 3 次元が複雑な社会や文化の文脈のなかで展開されるユニークな配合から生じるとしている。ここでいう「性格的な特性」とは状況や時間の経過のなかでみられる行動の広範な一貫性のことであり，ビッグファイブやハーディネス等で示される（McAdams, 2010）。一方，「特徴的な適応」とは，「性格的な特性」より具体的なもので，時間，場所，社会的な役割等の文脈のなかで説明されるものであり，動機付けや目標，努力，個人的なプロジェクト，価値，興味，防衛機制，コーピング戦略等が含まれるとされている。前者（性格的な特性）がより幼少期の生得的な気質に端を発した行動の一貫性に着目しているのに対して，後者（特徴的な適応）は後天的なものである本人と環境との相互作用のなかで獲得したという側面に重きを置いている点が異なるとされている（McAdams & Olson, 2010）。このように考えるとビッグファイブとハーディネスは気質と関連がある「性格的な特性」であるといえる（McAdams, 2010）。そして，課外活動を行うなかで与えられる役割を通して，友人，教師，学校とのつながり，学校エンゲージメントが高まる可能性が考えられるわけだが，この過程は「特徴的な適応」に重なるところも多いのではないだろうか。このような「特徴的な適応」に関するプロセスを明らかにするためには，学校場面での役割を生徒がどのように捉え，さらに学校エンゲージメントが学校適応にいかに影響を与えているかについて今後検討していく必要があると思われる。Kato & Suzuki（2018）は，「日常生活で感じる持続的な役割満足感」をロールフルネス（rolefulness）と定義し，社会的ロールフルネスと内的ロールフルネスからなるロールフルネス尺度を作成している。しかしながら，学校不適応感がロールフルネスとどのように関連するかについては研究されてこなかった。そこで本書では，個人と学校環境との文脈のなかで保護要因を考える際に，縦断的調査を行い，保護要因と考えらえるロールフルネスが学校不適応感に与える影響過程について詳細を明らかにしていきたい。

　第二に学校不適応感のプロセスと保護要因との関連についてはさらなる検討の必要性が示された。適応については，いまだ統一した見解が得られていない（Ladd, 1996）が，1 節で述べたように適応の概念は大きく 2 つの観点からまとめられる。ひとつは，適応とは人と環境との関係を表す概念であり，両者が調和した「状態」である（大久保, 2005）との捉え方である。2 つ目は，適応とは人がその内的欲求と

環境の間により調和的な関係を作り出そうとして，行動を変えていく連続的な「過程」である（北村，1965）との捉え方である。これまでは，前者のように（不）適応を「状態」として捉えた研究が多かった。しかしながら，リスク要因と保護要因の相互作用の過程（プロセス）に着目した動的なプロセス（dynamic process）の重要性が指摘されており（Luthar et al., 2000），適応を促進するプロセスに着目していく必要性（Masten et al., 1990）が指摘されている。そのため，適応に関しても個人が環境にどのように適合していくのかについて，プロセスの側面より注目していく必要があると考える。すなわち，学校不適応感のプロセスにどのような保護的な要因が関与しているか検討を行うことで，学校不適応感を予防する活動につながっていくのではないだろうか。横断的及び縦断的研究を用いて，学校不適応感を抑制する保護要因が学校不適応感のプロセスにどのような影響を与えているか検証することで，スクールカウンセラーの予防的活動に寄与する可能性が広がると考えられる。

第4節　本章のまとめ

　第1章では，これまで多岐に渡っている学校不適応感の概念について整理した。そのなかで，学校適応研究において学校適応をプロセスとして捉えたうえで，どのような要因が適応プロセスに影響を与えているかについて，時間的流れも踏まれた包括的なプロセスモデルの必要性が指摘されていた（Ladd, 1989；Perry & Weinstein, 1998）。同様に不適応に関しても，一般に欲求の充足阻止からどんな徴候が現れるかの過程を調べることの意義（戸川，1956）が述べられる等，学校不適応のプロセスを検討することが学校不適応を予防するうえでも重要であることが述べられてきていた。加えて，子どもが反応するのは主観的な現実であることが多く（Richman et al., 2004），子どもが主観的に環境をどう捉えているかという点が適応や不適応においても重要である（北村，1965）ことから，本書でも子どもが学校環境をどのように捉えており，どう感じているかについての主観的側面を尋ねた学校不適応感に着目する。そのうえ，本書では学校不適応感を過程（プロセス）として捉え，「学校環境が求める要請に合わせるために努力してきたが，学校と児童・生徒の間で効果的な関係が維持できず，困難やストレスに対処できないでいる過程」と定義づけた。

　なお，学校不適応感に至る過程についての尺度作成も含めた量的研究は，ほとんどなされてこなかった現状にある。そこで本書では予防的観点より，不適応状態の

みではなく不適応に至る過程（プロセス）も含めた学校不適応感に焦点を当てる。具体的には，本書で扱う学校不適応感は，リスク要因から学校不適応状態（不登校傾向等）も含めた一連のプロセスを検討することとした。

　次章では，これまで先行研究で用いられてきた学校不適応を「状態」から捉えた尺度のひとつである不登校傾向尺度（五十嵐・萩原，2004）を用いて，質問紙及び描画法の観点より，リスク要因のひとつであると考えられる社会的コンピテンスとの関連について探る。

第2章

学校不適応状態と社会的コンピテンスには関係があるのか
不登校傾向に着目した中学生への質問紙法・描画法調査から

　本書の目的は，リスク要因から学校不適応状態までのプロセスを含めた学校不適応感に焦点を当て，そのプロセスについて検討することであった。第2章では，そのなかでも学校不適応状態のひとつである不登校傾向に焦点を当て，社会的コンピテンスとの関連について探ることで学校不適応感のリスク要因について質問紙法と描画法の観点より検討を行う。

第1節　不登校傾向におけるリスク要因に関する研究①：質問紙法の観点より（研究1）[1]

1　問題と目的

　学校場面の不適応問題として，大きく取り上げられることが多いものとして，不登校問題がある（大対ら，2007）。実際に，中学生における不登校生徒の数は，平成24年度で91,446人であり，9万人を超える生徒がなんらかの問題を抱え，学校に登校することの難しさを抱えている（文部科学省，2013）。また，小学校に比べて中学校において不登校生徒が急激に増加していることが報告されている（文部科学省，2018）。そのため，本研究ではとくに中学生における学校不適応状態のひとつである不登校傾向（五十嵐・萩原，2004）に焦点を当て，不登校傾向におけるリスク要因について探ることを目指す。

---

1) 本節は，鈴木（2015）を基に一部加筆，修正したものである。

　不登校傾向のリスク要因のひとつとして，社会的コンピテンスの不足が考えられる。社会的コンピテンスとは，青年期の発達において肯定的な結果をもたらすための社会的情緒的な能力と行動である（Bierman & Welsh, 2000）。具体的には，社会的コンピテンスは2種類の能力として構成されており，①否定的な感情を把握して統制する力，②社会的問題解決能力である。すなわち，社会的コンピテンスは，状況に応じて社会的スキル（社会的技術）を選択し，実際に行われた行動の効果性，及び対人状況の統制能力によって評価されるものである（Duck, 1989; Gresham, 1986）。そのため，社会的コンピテンスは，社会的スキルの上位概念として位置付けられている（柴田，1993）。

　実際に，社会的コンピテンスが不足している生徒は，普通の生徒と比較して，内在化問題（抑うつなど）のリスクが高くなること（Burt et al., 2008）や，外在化問題（非行など）のリスクが高くなること（Wang, 2009）が指摘されている。とくに社会的コンピテンスと内在化問題の関連については，数多くの指摘がなされている。人気と抑うつとの間の媒介変数として，社会的コンピテンスが関連している（Nangle et al., 2003）ことや，冷遇と内在化問題との間にも社会的コンピテンスが媒介していたとの指摘もある（Kim & Cicchetti, 2004; Shonk & Cicchetti, 2001）。また，社会的コンピテンスの低い生徒は，3年後に内在化した問題を持つことも指摘されており（Hymel et al., 1990），長期的な観点からみても社会的コンピテンスの不足が生徒に与える影響は大きい。

　一方，外在化問題においては，適切な社会的スキルが欠如している青年は級友を拒絶する傾向にあり，他者の心理的問題を引き起こす要因となるということ（Eisenberg & Fabes, 1992）や，社会的コンピテンスが行動的な問題と関連していることも指摘されている（Hoglund & Leadbeater, 2004）。その一方で，社会的コンピテンスと外在化問題との関連は長期的な観点からはみられなかったとの指摘（Burt et al., 2008）もあり，社会的コンピテンスと外在化問題については一貫した結果が得られていない現状にある。

　なお日本においては，社会的コンピテンスと内在化問題や外在化問題について調査した研究は少なく，社会的スキルと不登校傾向に焦点を当てた研究が多くみられる。社会的スキルと不登校との関連について調査した研究では，不登校生徒は登校生徒に比べて，自分から積極的に友人関係を築く力や自己主張力の得点が低いことが指摘されている（朝重・小椋，2001; 曽山ら，2004）。一方，五十嵐・萩原（2004）は，学校不適応状態のひとつとして，登校しつつ登校回避願望がある状態は，不登校に

至らないまでも学校生活を楽しむことに困難が生じており不登校の前駆的状態であるとして，これを不登校傾向とし，不登校傾向尺度を開発している。不登校傾向とコミュニケーション力との間に負の相関があることについても指摘されている（五十嵐，2011）。このように社会的スキルやコミュニケーション力と不登校傾向は関連していることが示唆されている。その一方で，非行少年は親しい友人に対しては親和動機が高いために社会的スキルを高く示すが，同級生に対しては親和動機が低いために，社会的スキルを低く示すことが示唆されている（磯部ら，2004）。このように非行少年は社会的スキルを示す対象によって，社会的スキルの高さが異なっている。

　以上より，内在化問題を基底とした不登校傾向（精神・身体症状を伴う不登校傾向等）と，外在化問題を基底とした不登校傾向（遊び・非行に関連する不登校傾向）とでは，社会的スキルとの関連が異なることが示唆されている。そのため，上位概念である社会的コンピテンスにおいても，内在化問題を基底とした不登校傾向と外在化問題を基底とした不登校傾向では関連が異なる可能性が考えられるが，両側面の観点から調査した研究は見られない。そこで本節では，学校不適応の一状態とされる不登校傾向の種類により社会的コンピテンスとの関連に相違が見られるかについて検討を行う。また，不登校傾向と悩み事の有無，相談できる人の有無について調査することで，不登校傾向のタイプごとの悩みに関する状況を把握することを目的とする。

2 方　　法

■ 調査対象・調査期間

　愛知県内の公立中学校の1年生～3年生201名（男子103名，女子98名）を対象に自己記入式質問紙調査をX年4月に実施した。

■ 調査内容

　質問紙の内容は，基本情報（学年，性別等），不登校傾向尺度（五十嵐・萩原，2004），社会的コンピテンス尺度（Harter, 1982），悩み事の有無，相談できる人の有無について尋ねた質問項目で構成した。

1）不登校傾向尺度

　不登校の前駆的状態を測定する尺度であり「別室登校を希望する不登校傾向」「遊

び・非行に関連する不登校傾向」「精神・身体症状を伴う不登校傾向」の3因子，計11項目を用いた。「あてはまらない（1）〜あてはまる（4）」の4件法で回答を求めた。

2）社会的コンピテンス尺度

社会的コンピテンス尺度では，Harter（1982）が作成した Perceived competence scale for children の日本語版児童用コンピテンス尺度（桜井，1992）のなかの「社会的コンピテンス」因子，10項目を用いた。「いいえ（1）—はい（4）」の4件法で回答を求めた。

3）悩み事の有無，相談できる人の有無

悩み事の有無については，「現在悩んでいることはありますか？」との質問項目に対して，「あり—なし」の2件法で回答を求めた。相談できる人の有無については，「相談できる人はいますか？」との質問項目に対して，「いる—いない」の2件法で回答を求めた。

■ 分析方法

先行研究を参考にして，各尺度の Cronbach's a 係数より信頼性を確認したうえで，尺度項目の平均値を因子得点として算出した。不登校傾向と社会的コンピテンスとの関連性については，Pearson の相関分析より検討した。さらに，悩み事の有群と無群及び相談する人の有群と無群との間に，不登校傾向得点や社会的コンピテンス得点において有意な差異が見られるかを検討するために，t 検定を実施した。これらのデータ分析には SPSS 19.0 を使用した。

3 結　果

■ 不登校傾向と社会的コンピテンスの相関関係

不登校傾向尺度と社会的コンピテンス尺度の平均値，標準偏差，信頼係数（Cronbach'a 係数）及び相関係数を表 2-1 に示す。また因子得点は，各尺度項目の平均値を使用している。別室登校を希望する不登校傾向や精神・身体症状を伴う不登校傾向は社会的コンピテンスと有意な負の相関関係が見られた。一方，遊び・非行に関連する不登校傾向のみ社会的コンピテンスとの間に有意な相関関係は見られなかった。

表 2-1　不登校傾向と社会的コンピテンスの基礎統計量と信頼性，相関係数

	平均値	標準偏差	a 係数	2	3	4
1　別室登校を希望する不登校傾向	1.45	0.70	.89	.413 ***	.642 ***	-.363 ***
2　遊び・非行に関連する不登校傾向	2.12	0.78	.76		.370 ***	-.078
3　精神・身体症状を伴う不登校傾向	1.70	0.71	.76			-.418 ***
4　社会的コンピテンス	2.74	0.51	.79			

*** $p < .001$

表 2-2　悩み事の有群・無群と不登校傾向・社会的コンピテンスの平均値及び t 検定の結果

尺度名	悩み有群（65 名）	悩み無群（135 名）	t 値
別室登校を希望する不登校傾向	1.72（0.91）	1.32（0.54）	3.25 **
遊び・非行に関連する不登校傾向	2.18（0.81）	2.10（0.76）	0.70
精神・身体症状を伴う不登校傾向	2.07（0.78）	1.53（0.61）	4.83 ***
社会的コンピテンス	2.55（0.56）	2.83（0.47）	-3.81 ***

*　（　）内は標準偏差　　　　　　　　　　** $p < .01$，*** $p < .001$

■ 悩みの有無と不登校傾向，社会的コンピテンスとの関連

　次に，悩み有群と悩み無群の間に，不登校傾向下位尺度得点及び社会的コンピテンス得点において差が見られるかを検討した。その結果，別室登校を希望する不登校傾向（t（86）= 3.25, $p < .01$）と精神・身体症状を伴う不登校傾向（t（103）= 4.83, $p < .001$）については，悩み有群の方が無群より有意に得点が高かった（表 2-2）。一方，社会的コンピテンス（t（198）= -3.81, $p < .001$）については，悩み無群の方が有群より有意に得点が高かった。なお，遊び・非行に関連する不登校傾向については，有意な差が見られなかった。

■ 相談する人の有無と不登校傾向と社会的コンピテンスとの関連

　続いて，相談する人が有群と無群の間においても，同様に不登校傾向下位尺度得点及び社会的コンピテンス得点において，差が見られるかを検討した。その結果，精神・身体症状を伴う不登校傾向（t（199）= -2.62, $p < .01$）については，相談する人の無群の方が有群より有意に得点が高く，別室登校を希望する不登校傾向（t（199）= -1.88, $p < .10$）については，相談する人の無群の方が有群より得点が高い有意傾向がみられた（表 2-3）。一方，社会的コンピテンス t（199）= 3.47, $p < .01$）については，相談する人の有群の方が無群より有意に得点が高かった。なお，遊び・非行に関連する不登校傾向については，相談する人の有群と無群との間に有意な差が見られなかった。

表 2-3 　相談する人の有群・無群と不登校傾向・社会的コンピテンスの平均値及び t 検定の結果

尺度名	相談する人有群（160 名）	相談する人無群（41 名）	t 値
別室登校を希望する不登校傾向	1.41 （0.66）	1.63 （0.82）	$-1.88^{\dagger}$
遊び・非行に関連する不登校傾向	2.07 （0.74）	2.32 （0.89）	-1.62
精神・身体症状を伴う不登校傾向	1.64 （0.70）	1.97 （0.72）	-2.62^{**}
社会的コンピテンス	2.80 （0.48）	2.50 （0.87）	3.47^{**}

＊ （ 　）内は標準偏差 　　　　　　　　　　　　　　　　　　$^{\dagger}p<.10,\ ^{**}p<.01$

4 考 　察

　本書では，リスク要因から学校不適応状態までのプロセスを含めた学校不適応感に焦点を当て，そのプロセスの詳細について検討することが目的であった。本節では，そのなかでも学校不適応状態のひとつである不登校傾向に焦点を当て，社会的コンピテンスとの関連について質問紙調査を用いて探ることで，学校不適応感のリスク要因について検討を行った。その結果，社会的コンピテンスは，別室登校を希望する不登校傾向と精神・身体症状を伴う不登校傾向との間に有意な負の相関が見られた。なお社会的コンピテンスの低い生徒や社会的に孤立している生徒においては，内在化した問題を持つことが示唆されていた（Hymel, 1990）。本研究においては，社会的コンピテンスが内在化問題のなかでも別室登校や精神・身体症状といった不登校傾向と負の関連がみられ，先行研究を支持する結果となった。そのため，学校不適応状態のひとつである内在化を基底とした不登校傾向は社会的コンピテンス不足がリスク要因となることが考えられ，社会的コンピテンスが学校不適応感のリスク要因であることが推察された。

　また，本研究では悩み事の有群は無群より，社会的コンピテンスが低く，別室登校を希望する不登校傾向や，精神・身体症状を伴う不登校傾向が高いことが示唆された。本研究のなかで具体的な悩み事の種類については尋ねていないが，社会的コンピテンスの低さが悩み事の有無に関連している可能性が推察できる。実際に，社会的コンピテンスが不足している生徒は，クラスメイトからの冷遇につながり，内在化問題へと発展することが指摘されている（Kim & Cicchetti, 2004; Shonk & Cicchetti, 2001）。すなわち，社会的コンピテンスが低いことで，クラス内での人間関係の悩みを抱えることにつながり，結果的に精神・身体症状につながっている可能性が考えられる。また，社会的コンピテンスが不足していることで，クラス内で

の居場所がなく，別室登校を望んでいる可能性も考えられるのではないだろうか。悩み事を抱えている生徒においては，社会的スキルや対人問題解決スキルの向上をはじめとした援助も視野に入れて，支援していく必要があると考えられる。

　同時にこのような悩みを抱えている生徒においても相談できる人がいることで，不適応問題までに至らないとされている（Hagen et al., 2005）。しかし，本研究結果では，相談する人の無群の方が，相談する人の有群より，社会的コンピテンス得点が低く，精神・身体症状を伴う不登校傾向が高い傾向が見られた。このことから，社会的コンピテンスが低く対人関係上で問題を持ちやすい生徒においては，悩み事を抱えているとしても相談する人がおらず，精神・身体症状を主訴とした不登校傾向が見られる可能性が示唆された。すなわち，精神・身体症状を出している生徒においては，悩み事を相談できずにいる状態であり，誰かに相談に乗ってほしいという気持ちが症状の背景にあることが考えられる。山崎（1998）は，不登校傾向生徒が，助けてほしいときに助けてと言わずに体調不良でサインを出してくる場合について指摘している。また，とくに生徒が頭痛・腹痛などを訴え，しかも不調を訴える部位が変化する場合の多くは，心理的な問題を抱えていることが示唆されている（森岡，1996）。そのため，精神面での訴えのみではなく身体面での訴えにおいても，その背景の悩みを意識しながら話を聴いていくことで，生徒との信頼関係を構築していく必要がある。

　なお，遊び・非行に関連する不登校傾向では，社会的コンピテンスとは相関が見られなかった。これは，非行少年が相手により社会的スキルを使い分けるとの指摘（磯部ら，2004）を支持する結果であったと推察される。すなわち，遊び・非行傾向の生徒は，グループ内で人間関係を構築するための努力はするなどして関係が築ける一方で，親しくない友人においてはそのような努力をしないため，社会的コンピテンスとの関係が相殺され，有意差がみられなかったと考えられる。一方，遊び・非行に関連する不登校傾向は，悩み事の有群と無群との間，及び相談する人の有群と無群との間においても有意な差が見られなかった。これは，非行生徒が悩みを悩みとして抱えられない特徴を有している（生島，1999）ことや，問題焦点型ストレスコーピングと負の関連がある点（Eggum et al., 2011）が関係している可能性がある。すなわち，遊び・非行生徒においては，心理的な問題を持っていたとしても悩みと認識することや，向き合うことが難しいため，行動化する特徴を持つ。そのため，外在化問題を持つ生徒においては，ともすると自分は悩み事がなく，相談する人も必要ないと考えている可能性も推察できる。しかし，外在化問題の生徒においては，

大人との信頼関係を持つことや相談できることで，問題行動が減少することが指摘されている（Lifrak et al., 1997）。そのためには，自分の心の内に起きている不安や不愉快な体験を振り返るような落ち着いた時間と場所が必要であり，そのなかで共に悲しみ，落ち込みから立ち上がっていく生徒を理解し，支えていく支援（生島，1999）が必要である。

■ ま と め

　本研究を通して，内在化問題を基底とした不登校傾向生徒と外在化問題を基底とした不登校傾向生徒では，社会的コンピテンス，悩み事の有無，相談する人の有無について異なる結果が得られた。内在化問題を基底とした不登校傾向（精神・身体症状を伴う不登校傾向）では，社会的コンピテンスも低く，悩み事があると感じながらも，相談する人がいない状態であることが示唆された。これらの生徒には，社会的コンピテンスを促進する介入を行うこと，及び相談に乗る体制を整えていく必要があると推察された。

　一方，外在化問題を基底とした不登校傾向（遊び・非行に関連する不登校傾向）では，社会的コンピテンス，悩みの有無，相談する人の有無について，有意な結果が得られなかった。このことは，ともすれば非行傾向の生徒には悩み事があまりないように捉えがちであるが，この点こそが彼らの配慮しなければならない点であろう。非行傾向の生徒は，悩みを悩みとして抱えられない点，及び困ったことがたとえあったとしても，大人に自分からSOSを出すことが難しい特徴を有することの表れとも捉えられる。今後，非行傾向の生徒には，大人を信頼したいけどできない気持ちを汲みとりながら，向き合い，サポートしていく必要がある。

第2節　不登校傾向におけるリスク要因に関する研究②：描画法の観点より（研究2）[2]

1 問題と目的

　本節では，投影描画法の観点より学校不適応状態のひとつである不登校傾向尺度とリスク要因としての社会的コンピテンス不足について検討することで，学校不適

2）本節は，Suzuki & Kato（2016）を基に一部加筆，修正したものである。

応感のプロセスの一助となる視点を探ることを目的とする。

　なお投影法は，病院や学校場面において，知的な面に加えパーソナリティをアセスメントするために頻繁に使用されている（Hammer, 1997）。投影法の特徴としては，質問紙等の自己記入式心理検査と比べ（Palmer, 1970; Merrill, 1994），意識的なバイアスや歪められた回答が少なく（Houston & Terwilliger, 1995），時間的な効率性は低いという点がある（Matto, 2002）。さらに，投影法はクライエントの本当の気持ちや経験をより原始的なチャンネルを通してクライエントとコミュニケーションすることにより，クライエントの無意識的で，隠された感情的な側面についても把握することができる（Hunsley et al., 2004）。しかしながら，投影法は妥当性に関しては熟慮すべき論争があるのも事実である（Motta et al., 1993; Smith & Dumont, 1995; Swenson, 1957）。先行研究では，検査と解釈は有意に異なった診断を導くものであることが指摘されている（Groth-Marnat & Roberts, 1998; Harris, 1963; Kahill, 1984; Klopfer & Taulbee, 1976）。一方，適応（Marsh et al., 1991），不安（Sims et al., 1983），性同一性（Farlyo & Paludi, 1985; Houston & Terwilliger, 1995），衝動性（Oas, 1985），性的虐待（Riordan & Verdel, 1991）レベルに関するいくつかの領域についての検査は妥当性が実証されている。

　投影描画技法は，人を描くこと（Draw-A-Person DAP; Harris, 1963; Human Figure Drawing HFD; Koppitz, 1968），木を描くこと（Baum test; Koch, 1952）及び家と木と人を描くこと（House-Tree-Person [HTP]; Buck, 1948）について求める検査など様々な種類がある。木や人のみを描くテストは，1 つの要素を描くことのみを求められるが，HTP テストでは，3 つの要素を描く反応が求められ，それぞれの要素との関連や関係性をできる限り広い範囲を含めて検討することになる。HTP テストは，人と環境との関連についてアセスメントするためにも用いられるが，パーソナリティや対人関係，アイデンティティや情緒面について調べるためにも用いられている。Yan et al.（2013）は，中学生の自殺の可能性についてアセスメントするために，HTP を用いて特徴的な描画について検討した。本調査は，1044 名の中学生と高校生を対象とし，自殺に関連する質問紙調査と HTP テストとの関連について調査を行ったものであり，自殺傾向のある生徒は，枯れた木や月，動物，水，そして小さい窓を描く傾向が見られた。さらにこれらの生徒は，綿密に描かれた描画の頻出は少なかった。これらの結果より，HTP テストに投影された描画の特徴は，自殺傾向生徒のアセスメントとして使用できる可能性が示唆された。

　HTP テスト（Buck, 1948）においては，クライエントのパーソナリティにおける

心理学的側面について解釈するため，クライエントは検査者から家や木そして人について一枚ずつの用紙にそれぞれ描くことを求められる。このような HTP テストをもとに，三上（1995）は，1 枚の紙に 3 つすべての要素を描く独自の S-HTP テストを開発した。三沢（2009）は，1 枚の紙を用いるという点において，治療に抵抗がある抑鬱的な人にとっては，とくに内的イメージを表現しやすくなる利点があると指摘している。また，家・木・人といった 3 つの要素間の関連を通して，意識と無意識と同じように自己と他者間の関連についてより理解することができ，心理的アセスメントとして有効であると言及している。それゆえ，今日 S-HTP テストは，日本で非常に人気のある心理検査のひとつである。なお，Fukunishi et al.（1997）は，S-HTP テストと質問紙を用いて拒食傾向の特徴と複雑なパーソナリティ特性との関連について検討した。589 名の日本の大学生を対象に質問紙調査の Toronto Alexithymia Scale 20 項目と，S-HTP テストを実施した。カイ二乗検定を実施した結果，本尺度で 61 点以上の失感情症と判断された生徒は，S-HTP テストにおいて人と人との関連が乏しい絵を描いていた。一方，本尺度が 61 点より低い生徒は，より健康的な関係性を人の絵を通して描いていた。それゆえ，調査者らは S-HTP テストを通して，失感情症や他者との関係性をアセスメントできる可能性についても指摘している。

■ 学校不適応状態と S-HTP

纈纈・森田（2011）は，質問紙調査と S-HTP を用いて青年期の友人関係のコミュニケーションスタイルと友達との関係について調査した。その結果，人物の表現が，描き手の感情，アイデンティティ，他者との関係の持ち方などが投影される媒体として機能する可能性を指摘している。一方，高橋・橋本（2009）は，事例を通して，小さいサイズの木を描く生徒は，自己否定感や孤独感を持ち，不登校生徒にもよく見られると報告している。このように，S-HTP は個人の心理学的側面との関連を持つ重要な媒体であることが指摘されており，事例研究より S-HTP と学校不適応状態との関連についても示唆されている。しかし，S-HTP と学校不適応状態について実証的に調査した研究はほとんどみられない現状にある。

そこで，本研究では，木，家，人の描画面積と学校不適応状態との関連について，実証的研究を用いて検証を行う。とくに S-HTP は，読み書きの能力に依存せず，また用意するものも鉛筆と紙のみであり，子どもや思春期の人々が簡易に実施できる。それゆえ，本研究では，スクールカウンセラーが心理的アセスメントの 1 つの

方法として S-HTP を実施する可能性を探るために，学校不適応状態のひとつである不登校傾向と社会的コンピテンスとの関連について検討を行う。なお，以下にこれまでの先行研究を参考に仮説を立てた。

1）仮説1：S-HTPの各項目の描画面積において男性と女性との間に相違が見られる

これまでに描画面積の重要性について指摘している先行研究はいくつか見られる。Machover（1949）は，描画の構造的な質について調査を行い，描画の大きさは他の描画の要素（線等）よりも信頼性の高い要素であることを強調している。Picard & Lebaz（2010）は，自由な描画環境下において，色よりも描画面積が，感情をより表現するために使われていると述べている。そこで，本研究では，学校不適応感と S-HTP の描画面積との関連について検証を行うこととする。

なお，女子と男子では描画方法に相違があるとの指摘もなされてきている（Burkitt et al., 2003; Sitton & Light, 1992）。Burkitt et al.（2003）は，描画におけるポジティブな題材とネガティブな題材を比較し，描画面積に違いが見られるかどうか検討した。その結果，女子より男子の方が，ポジティブな題材について大きく描いていることが示唆された。そのため，S-HTP の描写面積において性差が見られると考えられる。

2）仮説2：木の描写面積は，学校不適応状態のひとつである不登校傾向と有意な負の相関が見られる

先行研究では，木の描画面積と不適応との関連について調査した研究もいくつか見られる。たとえば，Mizuta et al.（2002）は，質問紙と投影法を実施し，摂食障害の心理学的・精神病理学的な特徴を検討した。その結果，摂食障害のクライエントは，樹幹の大きさと全体の木の大きさともに平均より小さく描く傾向が見られた。高橋・橋本（2009）も先述したとおり，不登校生徒の事例より，木を小さく描く背景として自己否定感と孤独感について触れている。よって，仮説2を立てる。

3）仮説3：人の描画面積は学校不適応状態のひとつである不登校傾向と有意な負の相関が見られる

人の描画面積と不適応との関連についても先行研究により指摘されている。とくに深く退行した状態や，抑うつ状態にある人々は，人を小さく描くことが指摘され

ている（Gordon et al., 1980; Lewinsohn, 1964; Machover, 1949; Messier & Ward, 1998）。
Lewinsohn（1964）は，描かれた人の大きさは抑うつ感情と負の相関があると仮説
を立て，検証を行った。抑うつ患者 50 人の描画は，抑うつではない 50 人の描画と
比較して，有意に人の描画面積が小さかったことを明らかにしている。Gordon et
al.（1980）は，平均年齢が 10.53 歳の 166 人の男子と 182 人の女子を対象に，抑うつ
症状について調査するために，Draw-A-Person test の有用性について検証を行った。
抑うつ症状は友人による評定，自己評定，教諭評定の 3 つの独立した方法でアセス
メントされた。教諭の抑うつ評定と人の描画面積との間に負の相関が見られた。加
えて，人の描画面積の大きさは，自尊感情や個人の適切性（personal adequacy）と非
常に強く関連をしていた（Buck, 1948; Hammer, 1958; Koppitz, 1968; Machover, 1949）。
平川（1993）は，対照群よりも非行少年の方が棒人間を描くことが多いことを指摘
している。以上の先行研究の結果より，人の描画面積と学校不適応状態が関連して
いる可能性が考えられる。

4）仮説 4：S-HTP の木の描画面積は社会的コンピテンスと有意な正の相関が見られる

社会的コンピテンスと学校不適応との関連については，先行研究にて指摘されて
きている。Rubin & Rose-Krasnor（1992）は，社会的コンピテンスを人との良好な
関係を維持すると同時に，社会的交流を通して個人的なゴールを達成する能力であ
ると定義づけている。Irshad & Atta（2013）は，子どもと青年のいじめと社会的コ
ンピテンスとの関連について調査し，社会的コンピテンスを向上させることにより，
いじめを減らすことにつながることを示唆している。これらの先行研究は，不適応
の状態を理解するために社会的コンピテンスを査定することの重要性を指摘してい
る。

なお，木の描写には人の知性と抽象的思考が反映されることを実証した研究もあ
る（Devore et al., 1976; Inadomi et al., 2003）。Devore et al.（1976）は，1844 名の非行
青年の HTP テストを検証し，木に洞穴があったり，幹に傷がある絵を描く 76 名の
青年と，これらの特徴がなかった 76 名の青年を比較した。その結果，木に洞穴を
描いた青年はそうでない青年と比較して，有意に知性が高く，躁病尺度も低かった。
他にも，社会的コンピテンスと言語能力との関連（Acra et al., 2009; Longoria et al.,
2009）と同様に，社会的なコンピテンスと知性の間（Luthar & Zigler, 1992）には有
意な正の相関が見られたとの研究もある。しかしながら，社会的コンピテンスと

S-HTP の木の描写面積の関連について調査した研究は見られない。そのため，本研究では S-HTP の木の描写と社会的コンピテンスの関連について検証を行う。

2　方　　法

■ 調査対象

本研究は，中学 1 年生と 2 年生の生徒 130 名（男子 67 名，女子 63 名）を対象に実施した。

■ 研究素材と尺度

S-HTP を実施するために，HB の鉛筆と B5 サイズの紙を人数分準備した。被験者は，一枚の紙に家と木と人を描くように求められた。

学校不適応状態を測定するために，中学生用不登校傾向尺度（五十嵐・萩原，2004）を使用した。不登校傾向尺度のうち，「別室登校を希望する不登校傾向」3 項目，「遊び・非行に関連する不登校傾向」4 項目，「精神・身体症状を伴う不登校傾向」4 項目の 3 因子，計 11 項目を用いた。「あてはまらない（1）〜あてはまる（4）」の 4 件法で回答を求めた。社会的コンピテンス尺度では，Harter（1982）が作成した Perceived competence scale for children の日本語版児童用コンピテンス尺度（桜井，1992）のなかの「社会的コンピテンス」因子，10 項目を用いた。「いいえ（1）〜はい（4）」の 4 件法で回答を求めた。これらの尺度の平均やスコアの範囲については表 2-4 に示した。

表 2-4　各変数の平均と標準偏差（N＝130）

	平均	標準偏差	範囲	可能な範囲
家	12.78	12.41	0.0–60.5	
木	9.96	9.96	0.0–54.5	
人	3.30	5.36	0.0–31.1	
別室登校を希望する不登校傾向	1.43	0.65	1.0–4.0	1.0–4.0
遊び・非行に関連する不登校傾向	2.05	0.75	1.0–4.0	1.0–4.0
精神・身体症状を伴う不登校傾向	1.65	0.69	1.0–3.5	1.0–4.0
社会的コンピテンス	2.73	0.49	1.3–3.7	1.0–4.0

■ 手　　順

S-HTP テストは，スキャナーを使ってデジタルデータに変換し，コンピューターで画像として扱った。家・木・人の各描画面積については黒く塗りつぶし，それ以外は白く塗り，二値化した。そのうえで，黒色の領域の割合を計算し，それらの値は，家・木・人の描画面積としてそれぞれ分析に使用した。これらの過程は，コンピューターのプログラムソフトであるフォトショップ（Photoshop）を利用した。

3　結　　果

■ 不登校傾向尺度と社会的コンピテンス尺度の検討

まず，不登校傾向尺度について Cronbach's a 係数を用いて信頼性を検証した結果，①別室登校を希望する不登校傾向は $a=0.87$，②遊び・非行に関連する不登校傾向は $a=0.73$，③精神・身体症状を伴う不登校傾向 $a=0.76$ であり，信頼性が確認された。続いて，社会的コンピテンス尺度の信頼性についても検討したところ，$a=0.76$ で十分な信頼性を得ることができた。

描画面積と各尺度の平均，標準偏差，範囲については表 2-4 に図示した。

■ 性差による検討

生徒の性別による描画の特徴に相違がみられるか t 検定を実施した。家の描画面積において男子と女子の間に有意な相違が見られた。木と人の描画面積及び不登校傾向尺度と社会的コンピテンス尺度においては有意な性差は見られなかった（表2-5）。

■ S-HTP の描画面積と不登校傾向尺度及び社会的コンピテンス尺度との関連

仮説 2～4 では，S-HTP の各項目の描画面積と学校不適応状態との間に負の相関が見られると想定したため，両者について相関分析を行った（表 2-6）。木の描画面積は，別室登校を希望する不登校傾向と有意な負の相関（$r=-.23$）が，社会的コンピテンスとは有意な正の相関（$r=.23$）が見られた。人の描画面積は，遊び・非行に関連する不登校傾向と有意な負の相関（$r=-.20$）が見られた。家の描画面積については，各尺度との間に有意な相関は見られなかった。

表 2-5　S–HTP の描画面積と不登校傾向尺度における性差　（N=130）

	性別	N	df	平均	標準偏差	t	p
家	男	67	110.51	15.11	14.63	2.28	0.025
	女	63		10.30	8.97		
木	男	67	128.00	9.20	9.31	-0.89	0.375
	女	63		10.76	10.63		
人	男	67	128.00	2.57	4.92	-1.62	0.108
	女	63		4.08	5.71		
別室登校を希望する不登校傾向	男	67	119.25	1.37	0.58	-1.11	0.271
	女	63		1.49	0.72		
遊び・非行に関連する不登校傾向	男	67	128.00	2.14	0.74	1.36	0.176
	女	63		1.96	0.76		
精神・身体症状を伴う不登校傾向	男	67	117.63	1.59	0.60	-1.03	0.307
	女	63		1.72	0.77		
社会的コンピテンス	男	67	128.00	2.73	0.46	-0.20	0.840
	女	63		2.74	0.52		

表 2-6　S–HTP の描画面積と学校不適応感関連尺度との相関

	1	2	3	4	5	6
1. 家						
2. 木	-.11					
3. 人	.02	.22 *				
4. 別室登校を希望する不登校傾向	-.14	-.23 **	.03			
5. 遊び・非行に関連する不登校傾向	-.05	.11	-.20 *	.37 ***		
6. 精神・身体症状を伴う不登校傾向	-.12	-.08	.01	.66 ***	.32 ***	
7. 社会的コンピテンス	.04	.23 **	.16 †	-.44 ***	-.04	-.30 **

$†\ p<.10,\ {}^{*}p<.05,\ {}^{**}p<.01,\ {}^{***}p<.001$

4　考　　察

　本研究では，学校不適応状態のひとつである不登校傾向尺度とリスク要因である社会的コンピテンス不足について S–HTP を用いて投影描画法の観点よりどのような特徴が見られるかについて検討を行った。

　まず，本調査結果より，女子生徒より男子生徒のほうが家の描画面積が大きかった。そのため，家の描画面積においてのみ有意な性差が生じることが明らかとなり，仮説 1 は一部支持された。男子と女子では描画において異なった表現方法を行うことが実証研究より示唆されていた（Burkitt et al. 2003; Sitton & Light, 1992）。Burkitt et al.（2003）はポジティブな題材の描画面積においては，ネガティブな題材より，描画面積が大きいかどうか4歳～11歳の258名の子どもたちを対象に調査した。その結果，男子のほうが女子より大きく絵を描いていることが明らかになった。本研究においても男子の方が女子よりもとくに家について大きな絵を描いており，先行研究を支持する結果となった。なお，とくに本調査で，家の描画面積において性差がみられた背景としては，家の大きさは被験者にとって家族の存在価値，家族の依存度を示す（三上，1995）点が関連していると考えられる。また大野（2002）は，同学年の男女を比較すると，中学生以上で女子の方が自我発達水準の高い者の割合が多く，自己意識的水準については，女子では中学2年生から存在するのに対して，男子では高校1年生まで見られなかったとの指摘をしている。このように男子の方が女子より自我発達水準が低く，男子の方が家族に精神的に依存している可能性が示唆され，それが家の大きさに反映されたと考えられる。

　続いて，木の描画面積は，別室登校を希望する不登校傾向と有意な負の相関関係が見られ，仮説2が支持された。木の描画面積は人の情緒面における歴史や精神的なエネルギーを反映していると指摘されていた（Mizuta et al., 2002; 高橋・橋本，2009）。また，Mizuta et al.（2002）は，摂食障害のクライエントは，樹幹の大きさと全体の木の大きさともに平均より小さく描く傾向が見られたと報告している。そのうえで，木の描画面積は，私達の生活における精神的なエネルギーと自己表現の度合いを象徴しているのではないかと指摘している。高橋・橋本（2009）は，とくに極端に小さい木は自己否定感や孤独感を示し，不登校傾向の生徒に多いと報告していた。本研究においても先行研究を実証的な観点より支持する結果となった。

　人の描画面積は遊び・非行に関連する不登校傾向と有意な負の相関関係が見られ，仮説3を支持する結果となった。平川（1993）は，非行少年の方が対照群と比較して，棒人間が出現しやすいとの結果を示している。本研究においても非行傾向生徒は人の面積が小さかった点からも，先行研究を支持する結果となった。同様に，人の描画面積は抑うつ症状と自尊感情との関連があると指摘されていた（Buck, 1948; Gordon et al., 1980; Hammer, 1958; Koppitz, 1968; Lewinsohn, 1964; Machover, 1949）。Messier & Ward（1998）は，非行青年において高い能力と抑うつとの間に有意な相関があることを指摘している。加えて，この調査では，能力の高い非行生徒は，熟考を求められる状況下において，同時に複数のことを考えることによって抑うつ的となり，脆弱性が高まる可能性を示唆している。そのため，抑うつを査定することは，非行を減少させるために必須な視点であり，抑うつを防ぐためには，彼らの自

己信頼感を高める経験を蓄積していく作業が重要であることを強調している。

　三上（1995）は，人間像は意識に近い部分での現実の自己像や理想的な自己像を反映すると述べている。そのため，人が過度に小さく描かれる場合には自信のなさや不安感等を反映していると指摘している。同時に，人間像は両親などの自分にとって重要な人物をどのように認識しているかを反映する場合もあると述べている。鈴木（2010）は，非行傾向青年はとくに両親や大人に対して不信感を持つ生徒が多いと報告している。以上より，本研究結果からも非行傾向少年は他者への不信感を抱えているとともに，自信のない状態であることが鑑みられ，先行研究は支持された。今後，人を小さく描いている生徒には，自信が得られる体験を積み重ねていくことで抑うつと自尊感情の低下を防ぐことにより，非行行動を抑制できる可能性も推察された。

　最後に，木の描画面積は，社会的コンピテンスと正の相関関係が見られ，仮説 4 を支持する結果となった。人の知性と抽象力は木の描写に反映されることが実証的研究より支持されていた（Devore et al., 1976; Inadomi et al., 2003）。また，社会的コンピテンスは知性（Luthar & Zigler, 1992）や言語能力（Acra et al., 2009, Longoria et al., 2009）と有意な正の相関があることも指摘されてきている。これらの先行研究において，木の描写と社会的コンピテンスに関係がある可能性についても言及されていた。本研究については，これらの仮説を木の描画面積の観点から支持する結果となった。

　以上の結果より，木を小さく描く生徒は社会的コンピテンスが低く，別室登校傾向が高い状態であることが推察される。すなわち，投影描画法においても，社会的コンピテンスの低さと別室登校を希望する不登校傾向とは関連があることが推察され，学校不適応感のプロセスにおいて社会的コンピテンスがリスク要因として関与している可能性が考えられる。木を小さく描く生徒の中には，社会的コンピテンスが不足していることで，クラスにいることが難しく別室登校を希望する気持ちが高まっている生徒もいると推察できる。そのため，そのような生徒達には，ソーシャルスキルトレーニング等の社会的コンピテンス向上のプログラムを行うことや，級友との関係を強化するための働きかけが必要であると考えられる。

■ ま と め

　本研究では，投影描画法の S-HTP を用いて，学校不適応感のひとつである不登校傾向と社会的コンピテンスとの関連について検討を行い，木の描画面積は別室登

校を希望する不登校傾向と有意な負の相関関係が見られるとともに，社会的コンピテンスとは有意な正の相関関係が示された。第1節の結果も踏まえると，内在化を基底とする不登校傾向については，社会的コンピテンスの不足との関連が見られ，学校不適応感のプロセスにおいて社会的コンピテンスの不足がリスク要因となっている可能性が示唆された。また，S-HTP テストと学校不適応感との関連がみられたように，S-HTP の描画面積は学校不適応感を把握するひとつの指針としての可能性を示すことができたと感じている。

第3節　本章のまとめ

　本章では，先行研究で用いられてきた不適応を「状態」から捉えた尺度のひとつである不登校傾向尺度を用いて，リスク要因との関連について探った。なお，不登校傾向とは登校しつつ登校回避願望がある不登校の前駆症状として定義されており，不適応状態のひとつに位置付けられていた（五十嵐・萩原，2004）。本章では，とくに学校不適応感のリスク要因のひとつとして考えられる社会的コンピテンスの不足に焦点を当て，不登校傾向と社会的コンピテンスとの関連について，質問紙法及び投影描画法（S-HTP）を用いて検討を行った。

　まず，第1節では質問紙調査を行った結果，社会的コンピテンスは，内在化問題を基底とした不登校傾向（別室登校を希望する不登校傾向，精神・身体症状を伴う不登校傾向）とは有意な負の相関関係が見られた。とくに精神・身体症状を伴う不登校傾向生徒は，社会的コンピテンスも低く，悩み事があると感じながらも，相談する人がいない状態であることが明らかになった。

　次に，第2節では投影描画法のひとつである S-HTP テストにおける家，木，人の3つの描画面積と，不登校傾向尺度及び社会的コンピテンス尺度間の相関関係について調査を行った。分析の結果，木の描画面積は，別室登校を希望する不登校傾向と有意な負の相関関係が見られるとともに，社会的コンピテンスとは有意な正の相関関係が示された。

　以上より，質問紙及び投影法においてもとくに内在化を基底とする不登校傾向は，社会的コンピテンスと負の関連があることが示された。そのため，社会的コンピテンスの不足が学校不適応状態のリスク要因である可能性が考えられた。

第3章

学校不適応状態の初期段階にみられる徴候にはどのようなものがあるのか
中学生・高校生への調査から

　第1章で述べたように，不適応研究では欲求の充足阻止からどんな徴候が現れるかの過程を調べることの必要性が指摘されている（戸川，1956）。そのため，第1節においては学校不適応感のプロセスのひとつとして学校不適応状態（不登校傾向）より初期段階で表れる不適応徴候に関する尺度を開発することとする。第2節では，第1節で検討した不適応徴候が不登校傾向を媒介して，登校状況へ実際に影響を与えているかについて検討することで，学校不適応感のプロセスについて検討を行うこととする。

第1節　不適応徴候尺度開発（研究3）[1]

1　問題と目的

　近年，学校場面では2010年度の児童の自殺数が147人となり，中学・高校教師の5人に1人は生徒の自殺に，3人に1人は自殺未遂に遭遇したことがあるとの調査結果（上地，2003）が示されている。このことから，文部科学省（2009）は，心に悩みを抱えている生徒の不適応徴候を早期の段階で察知し，対応するなどの予防的取り組みの重要性について提唱している。これにより，我が国においても，問題が生じる前段階の生徒をいかに早期の段階で発見できるかといった点が，今後さらに重要となってくると考えられる。

1）本節は，鈴木・川瀬（2013a）を基に一部加筆，修正したものである。

　このような視点から早期の段階で不適応生徒を発見するためのアセスメント研究は数多くなされてきている。まず，学校適応に関しての行動面でのアセスメントとしては，親や教師の評定によってアセスメントする方法（Ladd et al., 1999; 大対ら，2007; Sparrow et al., 1984）がある。また，個人が学校環境に関してどのように感じているかについては，自己記入式質問紙調査が実施されている。学校適応に関する自己記入式の質問紙調査には，具体的に大きく分けて2つの方向性がある。

　1つ目としては，友人との関係や教師との関係に着目するなど対人関係や学業等の集合体として適応を測定する流れである。具体的には School Linking & Avoidance Questionnaire（Ladd & Price, 1987）や，学校適応感（小泉，1995：内藤ら，1986）等の尺度がある。2つ目としては，このような対人関係や学業等の要因の集合体として適応を見るのではなく，学校環境に合うか，合わないかといった内的基準に基づく尺度もある。学校ぎらい尺度（古市，1991）や青年適応感尺度（大久保，2005）等である。

　このように学校に適応している感覚を持っているか否かに焦点を当てた尺度は，多く開発され，用いられてきている。さらに，不適応の徴候が見られる生徒を選出するための尺度も開発されているが，数が少ないのが現状である。たとえば身体的徴候に焦点をあてた青年期疲労自覚症状尺度（小林ら，2000）や，精神疾患の徴候に焦点を当てた青木（2007）の研究や，ストレス反応の徴候に着目した（岡安・高山，1999）研究がある。また三浦（2006）は，ストレスチェックリスト（古市，1991; 岡安・高山，1999）を中学生に用いることで，不登校を予防する可能性について示唆している。

　しかし本来ならば，これらの不適応に関する徴候が見られる生徒を選出するための尺度を学校場面で有効に活用するためには，徴候を出している生徒を早期の段階で見つけ出す必要がある。その一方で，質問紙調査の難点としては，あくまでも調査をした現時点での心の状態を表す結果であることが多い。とくに思春期においては，時期による変動性があることを踏まえると，1年間に何度か実施できることが望ましいであろう。

　以上の点を鑑みる時に，項目数をできるだけ少なく調節するなどして簡便に実施できる尺度を開発しながらも，学校場面における不適応の徴候を選出する機能を高めていく必要がある。

　そこで，本研究では，学校不適応感の徴候を示す生徒達を早期に選出することを目標とした項目数を限定した尺度を開発することを目的とする。また，とくに中学

から高校に向けて抑うつ症状や自傷傾向などの精神症状傾向を示す生徒の割合が増加することが指摘されている（板山ら，2014）。そのため，本研究では，中学生と高校生を対象にして不適応徴候における学年差，性別差が見られるかについても検討を行うこととする。

2 方　　法

■ 調査時期

調査時期は，X 年 4 月～9 月に実施した。

■ 調査対象及び手続き

本研究に参加の同意が得られた A 県内の中学校 1 校（A 中学校），B 県内の中学校2 校（B 中学校，C 中学校），そして A 県内の高校 1 校（D 高校）を対象に，質問紙調査を実施した。A 中学校は田園地帯が広がる地域に位置し，B 中学校は海や山に囲まれた観光産業を中心とした地域，C 中学校は工業地域と商業地域が混在している地域に位置している。また，D 高校は住宅地が広がる地域に位置する公立の普通科高校である。各学校では，全学年同時期に調査を実施することにより，実施時期のズレによる学年差ができる限り生じないように考慮した。

質問紙は回収後に，著しく記入の漏れや記入ミスが見られる回答を除外した。その結果，A 県の A 中学校の生徒は，1 年生 49 名，2 年生 63 名，3 年生 53 名の計165 名となった。B 県の B 中学校の生徒は 1 年生 70 名，2 年生 90 名，3 年生 92 名の計 252 名，C 中学校の生徒は 1 年生 59 名，2 年生 61 名，3 年生 60 名の計 180 名であった。高校については，A 県内の D 高校の生徒 1 年生 265 名，2 年生 303 名，3年生 255 名の計 823 名を対象とした。最終的には計 1420 名（男性 692 名，女性 728名：有効回答率 91%）の回答を分析対象とした。なお本調査対象者の学年別，性別人数については表 3-1 に示した。

表 3-1　調査対象者の学年別，性別人数

	中学 1 年	中学 2 年	中学 3 年	高校 1 年	高校 2 年	高校 3 年
男子	89	108	106	111	149	129
女子	89	106	99	154	154	126
学年全体	178	214	205	265	303	255

■ 調査内容

1) 不適応徴候尺度

A県内の中学校教諭 23 名を対象に，どのような状態にある生徒が心理的支援を必要としているというサインとして捉えているかについて半構造化面接を実施し，カテゴリー生成を行った（鈴木, 2010; 鈴木, 2011）。この結果をふまえて，本研究ではとくに「不適応傾向を表すサイン」に焦点を当て，中学校教諭の面接のデータをもとに質問項目を作成した。作成した質問項目を臨床心理士や心理学の大学教員，中学校教諭からチェックを受け 12 項目を準備した。回答は「よくあてはまる（5点）」「ややあてはまる（4点）」「どちらともいえない（3点）」「あまりあてはまらない（2点）」「全くあてはまらない（1点）」までの 5 件法で評定を求めた。

2) GHQ 尺度

並存的妥当性を検討するために GHQ 尺度を実施した。Goldberg（1972）によって開発された全般健康調査票（General Health Questionnaire; 以下で GHQ と略す）を用いた。中川・大坊（1985）によって邦訳され，神経症のスクリーニングに有効な尺度として用いられている。本研究は，そのなかでも「GHQ12」(Goldberg, 1972) を使用した。回答は「とくに多い（4点）」「いつもより多い（3点）」「いつもより多くはない（2点）」「そんなことはない（1点）」までの 4 件法で評定を求めた。得点が高いほど精神的健康の状態が悪いとされている。

■ 分析方法

1) 項目分析

G-P 分析を行うにあたり，不適応徴候尺度の合計得点の平均値を境に上位群と下位群に分割し，項目ごとに上位群と下位群の平均値の差を検定した。項目 - 全体得点相関では，項目の得点と当該項目以外の項目の合計得点との間の Pearson の積率相関係数を算出した。

2) 因子分析と信頼性の検討

不適応徴候尺度の因子構造を明らかにするために，逆転項目の処理を行った後に探索的因子分析（最尤法・バリマックス回転）を実施した。また，探索的因子分析により抽出された仮説モデルの構成概念妥当性を検証するために，Amos を用いた検証的因子分析を行った。そして，これらの因子の信頼性の検証のために信頼性係数

（Cronbach's *a*）を算出し，内的一貫性を確認した。

3）妥当性の検討

並存的妥当性を検討するために，本尺度と GHQ 尺度との相関係数を算出した。また，内容的妥当性についても検討するために，教師向け質問紙を作成し，教師から見た気になる生徒を尋ねた。その結果をふまえ，教師に指名された生徒を指名群，指名されなかった生徒を対照群とし，両群間において本尺度の得点差が見られるかを検討するために，*t* 検定を実施した。

以上の 1），2），3）の分析には，SPSS 19.0 及び Amos 19.0 を用いた。

3　結　　果

■ 項目分析

尺度の信頼性を高めるように項目を精選するために，G-P 分析，項目-全体得点相関による方法を用い，その結果を表 3-2 に示す。

表 3-2　項目分析の結果

	上位群平均 N=755	下位群平均 N=665	*t* 値	項目-全体 得点相関
1. 頭が痛くなったり，お腹が痛くなったり，熱がでることがある	3.44	2.22 ***	19.66	.55 **
2. 進路に対して不安がある	3.92	2.85 ***	18.24	.57 **
3. 不安が頭をよぎることがある	3.80	2.58 ***	21.98	.66 **
4. 気分が良い時と悪い時の差がある	4.01	2.85 ***	21.15	.62 **
5. 周りを見ずに自分のわがままを通してしまうことがある	3.07	2.36 ***	13.99	.48 **
6. 授業中，眠くなることが増えた	3.27	2.56 ***	9.44	.26 **
7. インターネットや携帯電話に集中して眠る時間が遅いことがある	3.20	2.08 ***	17.10	.51 **
8. 眠れないことがある	2.60	1.63 ***	15.88	.49 **
9. 朝起きてから何もやる気がしない	3.38	2.23 ***	18.58	.56 **
10. 食事をしないことがある	1.85	1.36 ***	8.89	.27 **
11. 部活に行くときに気が重くなることがある	3.09	1.91 ***	18.85	.53 **
12. 怠けることができたら怠けたいという気持ちがある	4.11	3.16 ***	16.87	.56 **

** *p* < .01，*** *p* < .001

　不適応徴候尺度の合計得点の平均値を境に上位群と下位群に分割し，項目ごとに上位群と下位群の平均値の差を検定した結果が t 値である。すべての項目において上位群は下位群よりも 0.1％水準で有意に平均値が高かったが，項目 6 と項目 10 に関してはややその差が小さい。

　項目－全体得点相関では，項目の得点と当該項目以外の項目の合計得点との間の Pearson の積率相関係数を算出した。ここでもすべての項目において比較的高い相関が認められるが，やはり他の項目と比較すると項目 6 と項目 10 の相関は高いとは言えない。

　以上より，不適応徴候尺度は統計的観点から項目 6 と項目 10 を除外した方が，より精選された尺度となることが明らかとなった。そこで，不適応徴候尺度は，項目 6 と項目 10 を除外した 10 項目の尺度とする。

■ 因子分析

　不適応徴候尺度の 10 項目に探索的因子分析を実施したところ，固有値は順に 3.098, 1.105, 0.948, 0.908, 0.833 となった。固有値は 2 因子目からほぼ直線的に減少しているため，1 因子と解釈できる。次に，1 因子構造となることを確認するために，Amos を用いた検証的因子分析を行った。その際，モデルの識別性を確保するため

表 3-3　不適応徴候尺度の因子分析結果と項目得点の平均値と標準偏差

項目	因子負荷量	平均値	標準偏差
不安が頭をよぎることがある	.63	3.23	1.19
気分が良い時と悪い時の差がある	.58	3.47	1.17
進路に対して不安がある	.52	3.42	1.21
怠けることができたら怠けたいという気持ちがある	.50	3.66	1.14
朝起きてから何もやる気がしない	.47	2.84	1.29
頭が痛くなったり，お腹が痛くなったり，熱がでることがある	.46	2.87	1.31
部活に行くときに気が重くなることがある	.43	2.54	1.33
インターネットや携帯電話に集中して眠る時間が遅いことがある	.42	2.67	1.36
周りを見ずに自分のわがままを通してしまうことがある	.40	2.74	1.01
眠れないことがある	.39	2.14	1.27

GFI = .914, AGFI = .916, CFI = .844, RMSEA = .083

に，各潜在変数の分散を 1 に固定し，誤差変数から観測変数への各パスを 1 に固定した。その結果，仮定した潜在変数から観測変数へのパス係数は，いずれも十分な値であり（0.63-0.39），すべて統計学的に有意であった（$p<.001$）。また，モデルの適合度指標は，GFI＝.914，AGFI＝.916，CFI＝.844，RMSEA＝.083 であった。CFI の数値の値が適合基準に満たされなかったが，他の 3 領域において統計学的な基準を満たしていることから，許容範囲内であると判断した（表 3-3）。

■ 信頼性の検討

内的整合性の検討では，Cronbach's a 係数を算出した結果，$a=.74$ であり，内的一貫性が確認できたと考えられる。

■ 妥当性の検討

1）基準関連妥当性

不適応徴候尺度の本尺度と GHQ 尺度との間には，中程度の相関（$r=.50, p<.01$）がみられた。そのため，一定の基準関連妥当性が証明された。

2）内容的妥当性

A 中学校の 1 年生 1 クラス（23 名），2 年生 1 クラス（32 名），3 年生 1 クラス（26 名）の計 81 名と，C 中学校の 1 年生 2 クラス（59 名），2 年生 1 クラス（32 名）の計 91 名と合わせて，172 名を調査対象とした。各対象クラスの担任教諭 6 名を対象に，教師向け質問紙を作成した。質問紙には，「心理的問題が生じている生徒や気になる生徒」について，番号と名前とどのような点が気になるかについて尋ねた。指名群は，教師向け質問紙において指名された生徒 29 名とし，残りの 143 名を対照群とした。なお，これらの生徒は，尺度作成に用いた生徒と同じ生徒を対象としている。本尺度について，対応のない t 検定により，分析した結果，有意差がみられた（$t(170)=2.73, p<.01$）。教師に指名された指名群の方が，対照群より有意に本尺度

表 3-4　不適応徴候尺度得点の群ごとの平均値と標準偏差

指名群 （$N=29$）	対照群 （$N=143$）	t 値
3.20 (0.64)	2.84 (0.68)	2.73**

（　）内は標準偏差，** $p<.01$

の値が高いことが示唆された（表3-4）。

■ 学年別，性別の不適応徴候平均得点

　不適応徴候得点が，学年や性別によってどのように異なるか分析するために二要因分散分析（学年×性）を行った（表3-5）。

　分散分析の結果，学年（$F=14.35, p<.001$）と，性別（$F=24.72, p<.001$）における得点差は0.1％水準で有意であった。性別では，女子の方が男子より平均得点が有意に高かった（表3-5）。また学年差については，TukeyのHSD法（5％水準）による多重比較を行ったところ，中学1年生と他のすべての学年との間に有意な得点差が見られるとともに，高校3年生と高校1年生の間にも有意な差が見られた。続い

表3-5　学年別，性別における不適応徴候平均得点と分散分析結果

	中学1年	中学2年	中学3年	高校1年	高校2年	高校3年	学年別（F値）	性別（F値）	交互作用（F値）
男子	2.56 (0.78)	2.95 (0.62)	2.94 (0.66)	2.91 (0.66)	2.86 (0.71)	2.92 (0.77)	14.35 ***	24.72 ***	2.70 *
女子	2.66 (0.65)	3.00 (0.62)	3.24 (0.63)	2.93 (0.55)	3.08 (0.60)	3.29 (0.62)			

（　）内は標準偏差，$***\,p<.001$，$*\,p<.05$

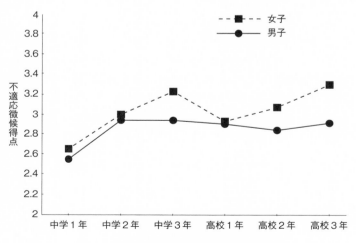

図3-1　学年別，性別，不適応徴候得点の平均値

て，学年と性別における有意な交互作用が見られたため（$F = 2.70, p < .05$），単純主効果の検定を行った。その結果，学年における性差の単純主効果が有意だったのは，中学 3 年生（$F = 10.87, p < .01$）と高校 2 年生（$F = 8.39, p < .01$），高校 3 年生（$F = 19.59, p < .001$）であり，いずれも女子の方が男子より不適応徴候得点が高い傾向にあった。また，性差における学年の単純主効果は男子（$F = 4.75, p < .001$），女子（$F = 12.34, p < .001$）ともに有意であり，男子は，中学 1 年生が他の学年と比べて有意に低い結果であった。女子においては，とくに中学 1 年生が他の学年と比べて有意に不適応徴候得点が低いとともに，中学 3 年生と高校 3 年生が中学 2 年生，高校 1 年生よりも不適応徴候得点が有意に高い結果であった（図 3-1）。

4　考　　察

■ 作成された尺度の信頼性，及び妥当性の検討

本研究では学校不適応感のプロセスのひとつとして学校不適応状態（不登校傾向）より初期段階で表れる不適応徴候に関して，簡易に実施することを目的に項目数をできる限り抑えた尺度の開発を試みた。まず，因子分析を実施したところ 1 因子と解釈された。さらに 1 因子構造を確認するために共分散構造分析による検証的因子分析を実施した。その結果，モデルの適合度指標は許容範囲内であり，妥当性が確認された。また，本尺度の信頼性においても，a 係数の値より内的整合性が確認された。

続いて，基準関連妥当性についても検証するために，GHQ 尺度との関連性について分析した結果，有意な正の相関関係が見出され，妥当性が確認された。

最後に，内容的妥当性についても分析するために，教諭評価と本尺度の自己評価の一致度について検証したところ，教諭が学校不適応の徴候の高さを指摘した生徒と，本尺度の結果が一致していた。このことから，本尺度が学校不適応の徴候を察知する尺度である可能性が示唆された。

神保・山崎（1988）は，臨床的観点から子どものストレス反応を情動面の変化，意識・行動面の変化，身体面の変化の 3 つに分類し，これらの変化の程度が大きい子どもの一部が，たとえば親や教師の焦りや苛立ちによる叱責，激励，脅迫等のような子どもの気持ちや立場を無視した一方的な働きかけをきっかけとして，より重篤な二次的反応を起こすという不適応モデルを提唱している。このような二次的反応を起こさないためにも，生徒の変化を察知することが重要となる。しかし，生徒

の変化としては，とくに校則違反や暴力等の外在化問題（Sparrow et al., 2005）については教諭も察知しやすいが，不安を主訴とした生徒については問題行動を示すことは少なく，教師からも適応的問題はないと判断される傾向（石川ら，2003）にある。そのため一見適応的な行動を示す生徒のなかにも，友人関係や学業場面で不適応感を有しており，不安症状が身体症状となって表現されることで，最終的に不登校に至る事例も多くみられる（山崎，1998）。このように一見適応的な行動を示す生徒のなかにも内面的には不安を抱える生徒もいることを鑑みるとき，本尺度が生徒の不安や身体症状等の不適応の徴候を早期に察知する尺度として，さらに精度を高めていく必要がある。

　尺度の精度を高めるためには，以下の課題が残されている。まず，弁別的妥当性としては，学校不適応徴候とそれ以外の身体的疲労に関する徴候との相違についても詳しく検証する必要がある。また，本尺度項目のなかには学校不適応感徴候に関わらず感受性が鋭い生徒において，高得点となる質問項目（進路に対して不安がある等）もあるのではないだろうか。そのため，感受性の高い生徒と学校不適応の徴候が高い生徒との識別についても今後検証する必要がある。また基準関連妥当性の検証としては，本尺度と学校適応尺度やストレス反応尺度等との関連，学校生活上での不適応行動（遅刻の増加や規則違反）との関連についても検証することで，本尺度と学校不適応状態との関連についてもより詳細に明らかにできると考える。さらに，信頼性検証においても，今後再テスト法を実施する等して，検証を重ねていく必要がある。

　最後に，本研究では抑うつ気分や，睡眠の乱れ，不安，無気力状態を示す項目が選出されたが，これらの状態が長期間続く場合には，うつ病への移行の可能性も看過できず，自殺の危険因子になるとの指摘（高橋，1999）もある。とくに，近年青年期におけるうつ病の有病率は1〜6％とされており，子どものうつ病は珍しい疾患とはいえない（Harrington, 2002）。さらに，うつ病の診断基準に当てはまらずとも抑うつ関連の自己記入式質問紙に高得点を示す場合には，適応に問題を持つとともに困難を抱えていることが明らかとなっている（Gotlib et al., 1995）。そのため，本尺度と自殺関連尺度及びうつ病関連尺度との関連についても検証していくことで，本尺度の位置付けがより明確となり，うつ病等の精神疾患の早期発見や自殺予防等にも寄与する可能性が考えられる。

■ 性別，学年差からみる不適応徴候

　先行研究より，中学から高校に向けて抑うつ症状などを示す生徒の割合が増加す

ることが指摘されており（板山ら，2014），本研究では中学生と高校生を対象にして不適応徴候における学年差，性別差が見られるかについて検討を行うこととした。その結果，本研究はまず男女ともに中学 1 年生が他学年より不適応徴候尺度得点が有意に低かった。これは，中学 2 年生から自意識が高まり，自我発達上の危機状態になりやすい時期であるとの指摘（植元ら，1968）を支持するものであった。

　とくに，男子においては，中学 2 年生以降は不適応徴候尺度がほぼ一定の高さで推移している。Petersen & Taylor（1980）は，男子の思春期の始まる年齢が 13.07 歳であると指摘している。本調査においても，中学生への実施時期が 4 月と 7 月であったことから鑑みても，男子においては中学 1 年生の後半から 2 年生頃より思春期に入り，心理的危機状態に陥りやすい状態にあることが推察される。また男子は，女子よりも心を開いて話せる対象が少ないため，身体的疲労感が高くなる傾向にあるとの指摘もある（長尾，2005）。本調査においても身体的疲労に関する項目があるが，身体不調の訴えが長引く時には心理的 SOS のサインとして捉えていく必要があると思われる。さらに，中学 2 年生の 2 学期からは非行傾向が最も増加する時期である（無藤・小保方，2007）。とくに，男子の方が女子よりも非行が目立つ傾向にある（Graham & Bowling, 1995）。そのため，男子においては，本尺度得点が高かったり，学校生活において遅刻の増加や小さな規則違反が重なっている時には，早期の段階で支援が必要であると考えられる。

　一方，女子は，男子より不適応徴候尺度が全体的に有意に高かった。長尾（2005）は，男子より女子の方が，心理的危機状態が高い理由として，女子の公的自意識の高さが影響していると述べている。公的自意識とは，他者から観察されうる自己の側面に注意を向けることである（Fenigstein et al., 1975）。とくに本調査では中学 3 年生と高校 3 年生の女子において不適応徴候尺度が高い状態を鑑みる時，受験の時期が影響していると考えられる。受験を目前にして，受験結果によって周りから自分がどのように見られるのかという自意識が高まり，ストレスを抱えている状態と考えられるのではないだろうか。また，女子においては，男子と比較して，失敗や困難な事柄を脅威とみなし，ストレスの多い状況では最悪の状態をより多く予想する傾向がある（Seiffge-Krenke, 1995）。それとともに，女子の方が他者の期待に敏感な傾向にある（Coleman & Hendry, 1999）。したがって，受験の時期を迎え，周りの期待を敏感に感じ取り，期待に応えなければとの思いと，応えられないのではないかとの不安な思いのなかで，抑うつ的になりやすいのではないだろうか。以上のことを考えるとき，受験期の女子については，とくに注意して見ていく必要がある。

■ ま と め

　本研究では，男女ともに中学1年生が他学年より不適応徴候尺度得点が有意に低く，とくに中学生2年生から学校不適応感を抱いている生徒が増えている可能性があるので，注意してみていく必要があることが示された。とくに，女子においては中学3年生と高校生3年生という受験の時期においては，周りの環境からの期待や要請が高まる時期であり，それに応えようと頑張っても期待通りの結果を出せず，困難を抱え不適応徴候として表す生徒が増える可能性も考えられる。このように本研究結果より，受験期の女子に対してはとくに学校不適応感を持ち，対処できずにいる生徒もいることから丁寧な関わりが求められている。また，受験のストレス以外においても，女子は同じストレス場面でも重要な他者との対人関係のいざこざが伴うときに，強いストレスを感じる傾向にあると言われる（Seiffge-Krenke, 1995）。その一方で，女子はこれらのストレスに対して，両親，友人及び専門家らに援助を求めることで，対処する傾向にある（Schonert-Reichl & Muller, 1996）。すなわち，女子にとっては今まで相談していた友人との問題や家族との問題は心理的危機へと結びつく可能性があると言える。したがって，本尺度得点が高い女子に関しては，ソーシャルサポートの不足や対人関係上のストレスが関連している可能性も考えられる。そのため，本尺度得点が高い女子生徒に関しては，教師やスクールカウンセラーらが相談できるような体制づくりを行う必要がある。

　一方，男子は女子よりもストレスフルな出来事を開示する傾向が少なく，ストレスに対して否認や回避をより多く使う傾向にあると言われる（Frydenberg, 1997）。このことは，ともすれば怠惰な行動や無気力な状態といった不適切な言動により，学校不適応徴候を表現している場合もあるということを意味する（鈴木，2010; 鈴木，2011）。とくに，男子は自ら相談するといった形で心理的ストレスを表現することが，女子より少ない。そのため，教師等の大人が気付いた時には，すでに不登校や非行へと移行してしまった後であるケースも少なくない。そのため，本尺度の結果から不適応徴候を汲み取り，一見不適切だと思われる言動についても，周りの大人がその背景について鑑みて，支援していく必要があると考える。

　なお，本尺度は項目数の少なさから簡便に利用できることを目的に開発され，項目数も一定内に収まったことから，生徒の不適応徴候を早期に汲み取る可能性が広がったと考えられる。その一方で，本調査結果から選出された生徒が，どのような心理的背景から不適応徴候を発するに至ったかについて検討することが，生徒をより深く理解するためには必要である。そのため，第4章では生徒が不適応徴候に至

るまでの過程についても把握できる尺度の開発を試みる。

第 2 節　不適応徴候が不登校傾向を媒介して登校状況に与える影響過程（研究 4）[2]

1　問題と目的

　前節では，学校不適応感のプロセスのひとつとして学校不適応状態（不登校傾向）より初期段階で表れる不適応徴候に関する尺度を開発した。本節では，不適応徴候尺度が実際に不登校傾向の前段階に位置する尺度であるかどうかについて，統計的手法を用いて検討を行う。

　近年，不登校や非行行為など不適応問題が深刻化する前段階で生徒が示す不適応に関するサインを察知し，対応するなどの予防的対応の必要性が指摘されてきている（北村ら，1983 等）。このような現状を受け，生徒が不登校となる前段階で生徒の心理的 SOS に気づき，不適応状態を早期に察知することを目指したアセスメントツールが開発されてきている。古市（1991）は，小・中学生を対象に一般の児童・生徒が抱く学校に対する忌避的な感情を学校ぎらい感情とし，学校ぎらい感情測定尺度を開発している。また，戸ヶ崎ら（1997）は，児童が学校生活において経験する出来事や周囲の自分への関わり方に対する児童自身のネガティブな感情や認知といった主観的な心理状態を測定するために小学生用学校不適応感尺度を作成している。一方，中学生を対象とした尺度としては，酒井ら（2002）の学校への不適応傾向尺度や五十嵐・萩原（2004）の不登校傾向尺度等がある。酒井ら（2002）は，学校での不適応な行動や気分を測定するために孤立傾向と反社会的傾向の観点より，質問紙を作成している。また，第 2 章でも述べたように五十嵐・萩原（2004）は，登校しつつ登校回避願望がある状態は，不登校に至らないまでも学校生活を楽しむことに困難が生じており，不適応状態のひとつであるとして不登校傾向尺度を開発している。

　このように不適応状態を測る尺度は多く開発されているが，一般的にメンタルヘルス調査は実施した時点での不適応状態を示すため，時間の経過とともに不適応状態が変化する可能性も考えられる。たとえば 4 月の時点で不適応感得点が高くなかった者が，10 月頃に調査を実施すると行事関連でのトラブル等を抱え不適応感得

2）本節は，鈴木（2017）を基に一部加筆，修正したものである。

点が急上昇している場合も考えられる。このような現状を踏まえると，1年間に1度だけではなく何度も簡易に実施できる尺度があることで，リスクの高い生徒を早期に察知することが可能となる。そこで，本章の第1節において不適応徴候尺度を開発した。

　しかしながら，実際に不適応間連尺度得点が高い生徒がその後の欠席日数等の登校状況と関連があるかについて検討した研究は非常に少ない現状にある。本来ならば，たとえば不適応徴候の高さが不適応状態のひとつである不登校傾向にどのような影響を与えているか，さらに1年間の登校状況とどのような関連があるかについて検討することは，学校不適応感のプロセスを明らかにすることにつながり，予防的観点より有益であると考えられる。

　なお，登校状況については，欠席日数と遅刻日数との関連を調査した研究がなされている。命婦ら（2012）は，中学3年間の欠席日数と遅刻日数について調査したところ，1年次に頻回に遅刻している生徒は，そうでない生徒と比較して2，3年次の欠席日数が多く，長期欠席に陥る危険率が高いことを報告している。また，学校ストレス尺度と長期欠席との関係について調べたところ，長期欠席に有意な影響を与えていた変数としては，学業ストレッサーのみであり，先行研究で想定された対人ストレスが欠席日数に直接的に有意な影響を与えるとの仮説は支持されなかった。その背景としては，対人ストレス等の不適応に関連する感情が直接的に欠席日数等の登校状況に影響を与えているのではなく，不登校傾向を媒介して影響を与えている可能性を指摘している。

　そこで，本節では，不適応徴候から不登校傾向を媒介して，登校状況にどのような影響を与えているかについて調査することで，学校不適応感のプロセスのひとつを明らかにする。また，不適応徴候が不登校傾向を媒介して，登校状況に影響を与える過程について実証的に検討することは，不登校を予防するための重要な視座につながると考えられる。

2 方　　法

■ 調査協力者及び手続き

　X年4月にA県内の高校の1年生〜3年生246名（男子122名，女子124名）の生徒に質問紙調査を行った。また，X＋1年3月にこれらの生徒の学級担任7名に1年間の生徒の登校状況について尋ねる質問紙を実施した。

■ 質問紙

1) 生徒用質問紙

生徒用質問紙では，以下の 2 つの尺度を実施した。

　不適応徴候尺度（鈴木・川瀬，2013a）：第 1 節で開発された尺度である学校場面における不適応徴候を示す生徒を早期に察知するための尺度であり，1 因子構造で 10 項目から構成されている。「全くあてはまらない（1）―よく当てはまる（5）」の 5 件法で回答を求めた。

　不登校傾向尺度（五十嵐・萩原，2004）：不登校の前駆的状態を測定する尺度であり「別室登校を希望する不登校傾向」「遊び・非行に関連する不登校傾向」「精神・身体症状を伴う不登校傾向」3 因子，計 11 項目を用いた。「あてはまらない（1）〜あてはまる（4）」の 4 件法で回答を求めた。

2) 教諭用質問紙

　教諭用質問紙では，質問紙調査を実施した生徒の担任教師に「欠席・遅刻・早退日数の多さの傾向がみられる（3）―欠席・遅刻・早退日数の多さの傾向がみられない（1)」の 3 件法で回答を求めた。

■ 統計解析

　先行研究の尺度構成にしたがって，各尺度の信頼性係数（Cronbach's a），尺度間の相関係数を算出した。分析には SPSS 22.0 を用いた。また，不適応徴候が，不登校傾向を媒介して，欠席・遅刻・早退日数の多さに影響を与えているか調べるために，Amos 22.0 を用いて共分散構造分析を行った。

3 結　　果

■ 不適応徴候と不登校傾向，登校状況との関連

　各尺度において信頼性係数については，以下であった。「不適応徴候尺度」は a = .82，「別室登校を希望する不登校傾向」の信頼性は a = .84，「遊び・非行に関連する不登校傾向」の信頼性は a = .73，「精神身体症状を伴う不登校傾向」の信頼性は a = .68，であった。

表 3-6　学年別，性別における不適応徴候平均得点と分散分析結果

	別室登校を希望する不登校傾向	遊び・非行に関連する不登校傾向	精神身体症状を伴う不登校傾向	欠席・遅刻・早退日数の多さ
不適応徴候	.36***	.39***	.59***	.25***
別室登校を希望する不登校傾向		.27***	.52***	.34***
遊び・非行に関連する不登校傾向			.41***	.07
精神身体症状を伴う不登校傾向				.27***

*** $p<.001$

　各因子間の相関係数を表 3-6 に示した。自己評定による「不適応徴候」は「別室登校を希望する不登校傾向」や「遊び・非行に関連する不登校傾向」及び「精神身体症状を伴う不登校傾向」といった不登校傾向尺度の各下位因子と有意な正の相関が見られた。また，教諭評定の「欠席・遅刻・早退日数の多さ」は「不適応徴候」と「別室登校を希望する不登校傾向」及び「精神身体症状を伴う不登校傾向」とは有意な正の相関が見られた。しかし，「欠席・遅刻・早退日数の多さ」は「遊び・非行に関連する不登校傾向」とは有意な正の相関が見られなかった。

■ 不適応徴候が登校状況に与える影響

　不適応徴候が登校状況に影響を与える過程について検証することにした。不適応徴候が不登校傾向を媒介して，欠席・遅刻・早退日数の登校状況に影響を与えているとのモデルを構築した。適合度は $x^2=16.584$，$df=5$，$p<.01$，GFI $= .974$，AGFI $= .922$，CFI $= .956$，RMSEA $= .098$ であり，概ね支持されており，本モデルを採用

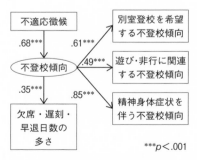

$\chi^2=16.584$, $df=5$, $p<.01$, GFI$=.974$, AGFI$=.922$, CFI$=.956$, RMSEA$=.098$

図 3-2　不適応徴候が登校状況に与える影響過程

することにした（図3-2）。すべてのパスが有意であることも明らかになった。

　なお，不適応徴候から登校状況に直接に影響を与えるパスについても加えて検証を行ったが，不適解となった。そのため，不適応徴候の高い生徒は，不登校傾向を媒介して，欠席・遅刻・早退日数の多さに正の影響を与えていることが推察された。

4 　考　　　察

　本節の目的は，不適応徴候から不登校傾向を媒介して，登校状況にどのような影響を与えているかについて調査することで，学校不適応感のプロセスのひとつを明らかにすることであった。まず本調査より，不適応徴候は不登校傾向や欠席・遅刻・早退日数の多さと有意な正の相関が見られた。先行研究では，心身症状と不登校願望との関連については指摘されていた。本保・佐久川（1993）は，不登校願望を持つ生徒には，睡眠時間が平均から偏っており，生活リズムが整っていない点を報告していた。このように不登校願望を持つ生徒には，心身症的症状が現れる割合が高く，不登校のハイリスク群である点についても指摘されていた。本研究で用いた不適応徴候尺度も睡眠の問題や心身症状に関する問題も含まれており，不登校傾向と正の関連があることが示され，先行研究を支持する結果となった。

　一方，不適応徴候と欠席日数との関連については，中学生を対象にした調査で高病欠群は孤立しがちな傾向や，抑うつ・不安・身体症状などの様々な神経症的徴候を多く有していることが報告されていた（上林ら，1990）。不適応徴候は神経症的徴候（上林ら，1990）と同様の抑うつ・不安・身体症状についても尋ねているものである。本結果でも，不適応徴候と登校状況（欠席・遅刻・早退日数）は有意な正の相関が見られ，先行研究を支持するものであった。一方で，パス解析を行った結果，不適応徴候が直接的に登校状況に関連があるというより，むしろ不適応徴候は不登校傾向を媒介して，登校状況に正の影響があった。このように学校不適応感のプロセスとしては，不適応徴候を有する者がすぐに欠席日数が増加するというよりは，学校環境と本人の欲求が合わず不適応徴候を表現していた生徒のなかには登校はしているけれども学校を楽しむことを困難に感じている生徒がおり，それが限界に達した時に欠席などにつながる可能性が示唆された。ともすると高校を欠席・早退・遅刻する生徒については，当初はさぼりだと認識されるケースも少なくない。しかし，「さぼり」「なんとなく」などの理由が曖昧な欠席群においても，家族に対して強い違和感を持ち，対人関係においても否定的であるなど心理的問題を抱えているケー

スも多く（上林ら，1990），丁寧な対応が必要である。

　なお，欠席・遅刻・早退日数の多さについては，遊び・非行に関連する不登校傾向との間に有意な正の相関が得られなかった。遊び・非行傾向の生徒は，心理的な問題を抱えていたとしても悩みと認識することや向き合うことが難しいため，行動化する特徴を持つ点が指摘されていた（鈴木，2015）。本研究においても，遊び・非行に関連する不登校傾向のみ登校状況と有意な相関は得られなかったことから，そのような問題を抱えている生徒のなかには，自己記入式の質問紙調査に抵抗を示している場合や，問題を自分のものとして引き受けることが難しい場合があり，それが反映された結果である可能性が考えられる。しかしながら，不適応徴候から不登校傾向を媒介して登校状況（欠席・遅刻・早退日数の多さ）に影響を与えるパスの分析結果において，遊び・非行に関連する不登校傾向も不登校傾向の下位因子として，登校状況（欠席・遅刻・早退日数の多さ）に有意な正の関連が見られた。このように，遊び・非行に関連する不登校傾向得点については，他の不登校傾向得点（別室登校を希望する不登校傾向，精神・身体症状を伴う不登校傾向等）も参考にして，検討する必要性が推察された。

■　ま　と　め

　本研究では，不適応徴候が不登校傾向を媒介し，欠席・早退・遅刻日数の多さにつながることが示され，不適応徴候尺度は不登校傾向尺度の前段階に位置する尺度であり，不適応徴候尺度の予測的妥当性が支持される結果となった。不適応についての研究は多くなされているが，登校状況について明らかにした研究はほとんどみられない現状にあった。そのなかで，本研究において不適応徴候が不登校傾向及びその後の登校状況に影響を与えていることが示され，不登校予防といった観点から不適応徴候尺度の有効性が示されたと考えられる。今後は，早期の不適応徴候の段階で生徒のSOSを察知し，このような生徒に丁寧な対応を行っていくことが，欠席日数の増加及び不登校，中退を予防するためにも重要である可能性が示唆された。とくに不適応徴候尺度は簡易で何度も実施できる利点を持つため，1年間に幾度か実施することが望ましいと考えられる。

第3節　本章のまとめ

　本章では，予防的観点から捉えた際に不適応をプロセスとして検討することが必要であり，不登校傾向の前段階を把握することを目指した不適応徴候尺度を開発及び実際に不適応徴候尺度が不登校傾向の前段階に位置する尺度であるかについて統計的手法を用いて検討を行った。

　第1節では，不適応徴候尺度を作成し，その信頼性・妥当性を検討した。分析の結果，信頼性係数は統計学上の基準を満たしており，妥当性についても検証的因子分析の結果は構成概念妥当性が許容範囲内であり，基準関連妥当性が備わっていることを確認した。また，教師に指名された指名群の方が，統制群より有意に本尺度の値が高いことが示唆され，本尺度の内容的妥当性についても確認された。

　第2節では，不適応徴候と不登校傾向及び登校状況（欠席・遅刻・早退日数の多さ）との関連について調査することを目的とした。分析の結果，不適応徴候は，不登校傾向及び欠席・遅刻・早退日数の多さと有意な正の相関関係が見られた。また，不適応徴候が不登校傾向を媒介して，欠席・遅刻・早退日数の多さに有意な正の影響を与えていることが明らかとなった。これらの結果より，不適応徴候得点が高い生徒は，不登校傾向を経て欠席等が多くなる可能性が示され，早期の段階での対応が必要であることが明らかとなった。

第4章

学校不適応感を助長するリスク要因とは何か

小学生・高校生への調査から

　第2章では，学校不適応感のリスク要因として社会的コンピテンスの不足が関連している可能性が示された。また，第3章では，学校不適応徴候が不登校傾向を媒介して欠席日数等に正の影響を与えており，学校不適応徴候を把握することが不登校を予防するうえでも重要であることが示された。

　そこで本章では，前章までの知見を活かしてリスク要因に着目した学校不適応感尺度を作成する。なお，小学生と高校生を対象にした調査で高校生では友人関係によるサポートの互恵性がストレス反応を低減していたのに対し，小学生ではこれらの有意な関連性が見られず，友人関係の質が高校生と異なっていることが指摘されている（谷口・浦，2003）。そのため，高校生と小学生とでは学校不適応感のプロセスが異なる可能性も考えられる。

　そこで本章では，リスク要因に着目した学校不適応感尺度の高校生版と小学生版を開発し，学校不適応感のプロセスモデルについても検討を行うこととする。また，小学生においては，サポートを大人が担うことが多いことが指摘されている（Buhrmester & Furman, 1987; Furman & Buhrmester, 1992；松本ら，2008）ため，小学生のスクールカウンセラー（以下，SC）への関心についても焦点をあてる。

第1節 リスク要因に着目した高校生版学校不適応感尺度開発とプロセスの検討（研究5）[1]

1 問題と目的

　本節では高校生におけるリスク要因に着目した学校不適応感尺度を作成し，信頼性と妥当性について検討するとともに，学校不適応感のプロセスの様相を明らかにするためにプロセスモデルの検討を行う。

　第1章でも述べたように，適応については多くの概念が提出されており，統一した見解が得られていない現状（Ladd, 1996）にある。そのため，（不）適応をどう定義し，どの側面を測定するかを明確化する必要がある。適応の概念の捉え方は，大きく分けて2つの観点からまとめられる。ひとつは，適応とは人と環境との関係を表す概念であり，両者が調和した「状態」である（内藤ら，1986 等；河村，1999 等）との捉え方である。2つ目としては，適応とは人がその内的欲求と環境の間により調和的な関係を作り出そうとして，行動を変えていく連続的な「過程」である（北村，1965; 長島，1964 等）との捉え方である。両者は人と環境との関係を表す概念であると捉えている点は一致しているが，適応を状態として捉えるか過程として捉えるかの点が異なる（原田・竹本，2009）。現在，学校適応に関する尺度はいくつか開発されているが，前者の（不）適応「状態」を測定する尺度が多く（内藤ら，1986; 河村，1999; 大久保，2005 等），不適応に至るまでの「過程（プロセス）」を測定できる尺度はほとんど見られない。しかしながら，不適応を予防するといった観点から考えた時，ある出来事に対する一時的な「反応」としてではなく，不適応を時間的に展望する「プロセス」の一部として捉える視点が重要となる（大貫・佐々木，1998）。そこで本研究においては，不適応に至るまでのプロセスに焦点をあてた尺度を開発する。

　なお，学校環境としては，「学業」「社会」「行動」領域があるといわれるが（Perry & Weinstein, 1998），とくに「社会」領域の対人関係は学校適応と深い関連がある（Ladd & Price, 1987）。また，欠席願望を抑制する要因は対友人適応であること（本間，2000）や，友人関係上の不適応が学校ぎらいに影響を与えている（古市，1991）との指摘もある。そこで，本研究では学校不適応感と対人関係との関連に焦点を当てる。学校不適応と対人関係領域について調査した研究では，社会的コンピテンス

---

1) 本節は，鈴木・森田（2015）を基に一部加筆，修正したものである。

に着目した研究が多くみられる（eg. Kim & Cicchetti, 2004; Luthar & Burack, 2000）。社会的コンピテンスが不足している生徒は，普通の生徒と比較して，内在化問題（抑うつなど）のリスクが高くなること（Burt et al., 2008）や，外在化問題（非行など）のリスクが高くなること（Wang, 2009）が指摘されている。日本においても，社会的スキルと適応との関連が指摘されており，社会的スキルが発揮されないことが，学校集団のなかで承認されないことにつながり，結果的に不適応につながる可能性について示唆されている（粕谷・河村，2002）。これらの先行研究より，社会的コンピテンスが不足していることで，周りからの支持が得られる体験が少なくなり，結果的に不適応に移行していくプロセスが考えられる。

　本研究では，学校不適応感におけるプロセスのリスク要因として，〈社会的コンピテンスの不足〉が〈被受容感の乏しさ〉に影響し，結果的に〈不適応徴候〉に影響を与えると仮定し，各段階に対応する尺度を開発するとともにこれらのプロセスモデルについて検証を行うことを目的とする。

2 方　　法

■ 調査時期と対象

　X年4月からX年6月にかけて私立A高校856名と公立B高校561名を合わせて1417名（1年男子345名，1年女子177名，2年男子317名，2年女子132名，3年男子324名，3年女子122名）の生徒を調査対象とした。また，内容的妥当性を検討するために，協力の得られた私立A高校のクラス担任31名を調査対象として，各クラスの生徒に関する質問紙調査を実施した。

■ 調査内容

　A県内の中学教諭を対象に，どのような状態にある生徒が心理的支援を必要としているかについて半構造化面接を実施した結果を参考にして，高校生版学校不適応感尺度の項目を作成した。その後，高校教諭や心理学の大学教員，SCにもチェックを受け，項目を整えた。生徒には「よく当てはまる（5点）」から「全く当てはまらない（1点）」までの5件法で回答を求めた。

　また，併存的妥当性を検討するために青年用適応感尺度（大久保，2005）を用いた。本尺度は，個人-環境の適合性の視点から適応状態を測定する尺度であり，「居心地の良さの感覚」「課題・目的の存在」「被信頼性・受容感」「劣等感の無さ」の下位尺

度の合計 30 項目から構成されている。「全く当てはまらない」（1 点）～「非常に当
てはまる」（5 点）までの 5 件法で評定を求めた。本尺度は個人が環境と適合してい
ると意識しているかどうかについて検討した尺度であり，内的一貫性と構成概念妥
当性が確認されている。なお内容的妥当性を検討するために，A 高校教諭には担任
をしている生徒のなかで，不適応状態にある生徒や不適応に至る可能性のある生徒
の出席番号の記述をお願いした。

3 結　　果

■ 項目分析

1) G-P 分析

　尺度の合計点の平均値を基準に高い群と低い群に分け，両群の平均値の差の検定
を行った結果，いずれも 5％水準で有意差がみられ，弁別性の問題は見られなかっ
た。

2) I-T 分析

　尺度の合計点と各項目について Pearson の積率相関係数を算出した結果，すべて
の項目において有意な正の相関が見られた。

■ 因子構造の確認

　〈不適応徴候〉段階に含まれる 12 項目について，因子分析（最尤法，promax 回転）
を行った。Bartlett の球面性検定の有意確率は .00（近似 $x^2 = 479.36$, $df = 43$）であり
観測変数間に関連があることが確認された。固有値の落差や因子の項目内容などを
考慮して 2 因子解を採用した（表 4-1）。第 1 因子は「いらいらすることがある」や
「すぐにカッとなってしまう」等の項目で構成されており，「不適応徴候（情緒面）」
と命名した。第 2 因子は「朝起きてから何もやる気がしない」「頭が痛くなったり，
お腹が痛くなったり，熱が出ることがある」等の項目で構成されており，「不適応
徴候（行動・身体面）」と命名した。

　〈被受容感の乏しさ〉段階に含まれる 10 項目についても，因子分析（最尤法，
promax 回転）を行った。Bartlett の球面性検定の有意確率は .00（近似 $x^2 = 661.37$, df
$= 26$）であり観測変数間に関連があることが確認された。固有値の落差や因子の項
目内容などを考慮して 2 因子解を採用した（表 4-2）。第 1 因子は「友達に嫌われた

表 4-1　不適応徴候段階における因子分析結果

質問項目	因子負荷量 I	II	共通性	平均値	標準偏差
I：不適応徴候（情緒面）（a=.79）					
いらいらすることがある	.80	-.08	.26	3.41	1.25
すぐにカッとなってしまう	.79	-.11	.58	2.73	1.23
気がちりやすくなった	.63	.09	.55	2.98	1.17
落ち込むことが増えた	.53	.11	.36	2.99	1.27
不安が頭をよぎることがある	.42	.15	.46	3.23	1.24
II：不適応徴候（行動・身体面）（a=.74）					
朝ごはんを食べたくないときがある	-.13	.70	.42	2.27	1.43
最近食欲がない	-.07	.63	.36	2.01	1.19
朝起きてから何もやる気がしない	.04	.60	.39	2.85	1.32
朝起きにくく，午前中調子が良くないときがある	.10	.56	.38	2.83	1.33
眠れないことがある	.13	.41	.24	2.05	1.27
インターネットや携帯電話に集中して眠る時間が遅いことがある	.09	.34	.15	2.94	1.39
頭が痛くなったり，お腹が痛くなったり，熱がでることがある	.23	.31	.22	2.78	1.32

因子相関	F I	F II
F II	.49	—

表 4-2　被受容感の乏しさ段階における因子分析結果

質問項目	因子負荷量 I	II	共通性	平均値	標準偏差
I：友人関係の不安（a=.90）					
友達に嫌われたのではないかと気になることがある	.86	-.01	.74	3.04	1.30
自分を出した後に周りがどう思ったのか心配になる	.85	-.03	.70	3.09	1.28
自分がいない時に友達に何を言われているか気になる	.80	.00	.64	2.91	1.35
友達のささいな一言が気になることがある	.78	.03	.64	3.07	1.29
II：承認欲求の高さ（a=.78）					
最近，誰も自分のことを認めてくれていない	-.11	.78	.51	2.34	1.00
自分は誰からも必要とされていないのではないかと思うことがある	.11	.69	.58	2.68	1.18
周りは自分のことを気にかけてくれていないと思うことがある	-.04	.66	.40	2.65	0.97
自分の良いところを学校で出しきれていないと思う	.07	.45	.24	2.94	1.06
自分のことをもっと分かってほしいと思うことがある	.24	.35	.28	3.02	1.14
誰かに認めて欲しいと感じることがある	.27	.33	.29	3.26	1.18

因子相関	F I	F II
F II	.59	—

表 4-3　社会的コンピテンスの不足段階における因子分析結果

質問項目（*逆転項目）	因子負荷量 I	因子負荷量 II	共通性	平均値	標準偏差
Ⅰ：コミュニケーションスキルの不足（$a=.82$）					
相手の問いかけにどう答えたら良いか分からないことがある	.78	-.04	.58	2.96	1.20
自分の思いを言葉に出して言うことは難しい	.69	.04	.50	2.90	1.27
話すときにどもってしまうことが多い	.68	.01	.47	2.62	1.22
嫌なことに対しても嫌と言えないときがある	.63	.04	.42	2.77	1.24
集団でいるときに友達の話についていけないと感じることがある	.63	-.01	.38	2.78	1.19
相手が何を考えているか分からないことがある	.56	-.03	.30	3.03	1.16
Ⅱ：対人問題解決スキルの不足（$a=.71$）					
*友達とけんかしても仲直りできる	-.08	.83	.64	2.39	1.02
*人との関係で問題が起きても解決できる	.00	.75	.57	2.74	1.00
*友達に嫌なことを言われても言い返すことができる	.27	.39	.33	2.54	1.20
因子相関	F I	F II			
F II	.58	—			

＊は逆転項目

のではないかと気になることがある」や「自分を出した後に周りがどう思うか心配になる」等の項目で構成されており，「友人関係の不安」と命名した。第2因子は「最近誰も自分のことを認めてくれていない」や「自分は誰からも必要とされていないのではないかと思うことがある」等の項目で構成されており，「承認欲求の高さ」と命名した。

　最後に〈社会的コンピテンスの不足〉段階に含まれる9項目について，因子分析（最尤法，promax 回転）を行った。Bartlett の球面性検定の有意確率は .00（近似 x^2 ＝ 519.56, df＝34）であり観測変数間に関連があることが確認された。固有値の落差や因子の項目内容などを考慮して2因子解を採用した（表4-3）。第1因子は「相手の問いかけにどう答えたら良いか分からないことがある」や「集団でいる時に友達の話についていけないと感じることがある」等の項目で構成されており，「コミュニケーションスキルの不足」と命名した。第2因子は「友達とけんかしても仲直りできる（逆転）」「人との関係で問題が起きても解決できる（逆転）」等の項目で構成されており，「対人問題解決スキルの不足」と命名した。

表 4-4　学校不適応感尺度と青年用適応感尺度との相関

	居心地の良さ の感覚	課題・目的の 存在	被信頼性・ 受容感	劣等感の無さ
不適応徴候（情緒面）	-.34 ***	-.24 ***	-.38 ***	-.53 ***
不適応徴候（行動・身体面）	-.30 ***	-.30 ***	-.28 ***	-.36 ***
友人関係の不安	-.32 ***	-.18 ***	-.33 ***	-.58 ***
承認欲求の高さ	-.46 ***	-.27 ***	-.40 ***	-.59 ***
コミュニケーションスキルの不足	-.45 ***	-.23 ***	-.40 ***	-.54 ***
対人問題解決スキルの不足	-.53 ***	-.34 ***	-.44 ***	-.41 ***

$*** p < .001$

表 4-5　教諭指名群と対照群の学校不適応感尺度の平均値及び t 値

尺度名	指名群	対照群	t 値
不適応徴候（情緒面）	2.89 (0.87)	2.47 (0.81)	3.64 ***
不適応徴候（行動・身体面）	3.64 (0.90)	3.17 (0.89)	3.69 ***
友人関係の不安	3.56 (1.26)	3.17 (1.13)	2.38 *
承認欲求の高さ	3.24 (0.89)	2.79 (0.76)	3.52 **
コミュニケーションスキルの不足	3.21 (1.01)	2.86 (0.87)	2.43 *
対人問題解決スキルの不足	3.04 (1.01)	2.50 (0.85)	3.77 ***

$*** p < .001, ** p < .01, * p < .05$

■ 信頼性の検討

　各下位尺度の a 係数は「不適応徴候（情緒面）」は .79，「不適応徴候（行動・身体面）」は .74，「友人関係の不安」が .90，「承認欲求の高さ」が .78，「コミュニケーションスキルの不足」が .82，「対人問題解決スキルの不足」が .79 であり，内的一貫性が確認された。

■ 基準関連妥当性の検討

　青年用適応感尺度（大久保，2005）の下位尺度と学校不適応感尺度との相関を表 4-4 に表す。青年用適応感尺度の下位尺度とはすべての尺度において弱から中程度の有意な負の相関が見られ，概ね併存的妥当性が確認された。

■ 内容的妥当性の検討

　尺度の内容的妥当性の検討するために，教諭からみて不適応徴候等がみられ心理的支援が必要だと思う生徒群を指名群，それ以外の生徒を対照群とした。そして両群間に，本尺度得点の差異が見られるか，t 検定を行った。その結果を表 4-5 に示

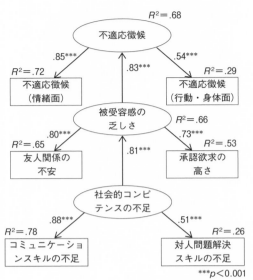

X^2=52.22, *df*=7, p<.001, GFI=988, AGFI=.964, CFI=.983, RMSEA=.068

図 4-1　不適応徴候に至るプロセスモデル

す。いずれの下位尺度も 0.1〜5%水準で有意差が見られ，教諭指名群の方が対照群よりも学校不適応感が高い得点を示していた。このことから，学校不適応感尺度の内容的妥当性が確認された。

■ 不適応徴候に至るプロセスモデルの検討

　不適応徴候に至るプロセスについて〈社会的コンピテンスの不足〉段階が〈被受容感の乏しさ〉段階に影響を及ぼし，さらに〈不適応徴候〉に影響を及ぼすとのモデルを設定し，構造方程式モデリング（SEM）によるパス解析を行った（図 4-1）。その結果，本モデルの適合指標は GFI＝988，AGFI＝.964，CFI＝.983，RMSEA＝.068 であり，統計学的な許容水準を満たしていた。本モデルにおいて，社会的コンピテンスの不足から，被受容感の乏しさを経て，不適応徴候に至る正のパスが示された。これより，学校不適応感のプロセスモデルの妥当性が確認された。

4 考　　察

■ 学校不適応感におけるプロセス

　本研究の目的は，学校不適応感のプロセスを明らかにするためにリスク要因に着目した学校不適応感尺度を作成し，リスク要因間のプロセスモデルについて検討することであった。本研究では，不適応徴候に至るまでの段階が3つの段階に分けられた。

　第一に，「コミュニケーションスキルの不足」や「対人問題解決スキルの不足」といった〈社会的コンピテンスの不足〉に関する段階である。「コミュニケーションスキルの不足」は，「自分の思いを言葉に出して言うことは難しい」や「相手の問いかけにどう答えたらよいか分からないことがある」等，相手との関係性を築くために必要なスキルが抽出された。大坊（2008）は，コミュニケーションスキルについて，自分のメッセージを適切に表出し（記号化），他者のメッセージを的確に把握できる（解読）スキルであるとしている。すなわち，メッセージを適切に記号化できる人は，一般に他の人のメッセージを解読する能力も高く，相関的であると指摘されている（Friedman et al., 1980）。本研究においても，コミュニケーションスキルの不足として，「自分の思いを言葉に出して言うことは難しい」等の記号化に関する項目，そして「集団でいるときに友達の話についていけないと感じることがある」等の解読に関する項目といった両側面のスキル不足に関する項目が選出される結果となった。一方，対人問題解決スキルの不足では，「人との関係で問題が起きても解決できる（逆転項目）」等，対人関係で生じた問題に対して解決できるスキルを有しているかどうかについて尋ねた質問が抽出された。Spivack & Shure（1976）は，対人問題解決スキルとは，対人関係上の問題が生じたときに，代りの解決策を考え出すスキル等であるとし，社会適応を媒介する一群として対人問題解決スキルが存在すると主張している。本研究においても学校不適応感のリスク要因のひとつとして対人問題解決スキルが抽出できたことから，先行研究を支持する結果となった。

　第二に，「友人関係の不安」や「承認欲求の高さ」といった〈被受容感の乏しさ〉に関する段階が抽出された。「友人関係の不安」においては，「友達に嫌われたのではないかと気になることがある」や「自分を出した後に周りがどう思ったのか心配になる」との項目が抽出された。石川ら（2003）は，不安を示す生徒はそうでない生徒に比べて主観的な不適応感を多く感じていることを明らかにしている。本研究においても，学校不適応感尺度の1つの因子として「友人関係の不安」が抽出され

たことから，先行研究を支持する結果となった。また，「承認欲求の高さ」においては，「最近，誰も自分のことを認めてくれない」や，「自分のことをもっと分かってほしいと思うことがある」との項目が抽出された。粕谷・河村（2002）は，社会的スキルの不足が学級の集団のなかで承認されないことにつながり，結果的に不適応につながることを指摘している。本研究からも学校不適応感プロセス段階にいる生徒においては，認めて欲しいという気持ちが高まっていることが推察される。そのため，本尺度の〈被受容感の乏しさ〉の得点が高い生徒には，信頼できる大人（教師，SC）が正のフィードバックをしていくことで，生徒自身が「自分はこの学校にいて良いのだ」という受容される感覚を培っていくことが必要であると考えられる。

第三に，「不適応徴候（情緒面）」と「不適応徴候（行動・身体面）」と言った〈不適応徴候〉に関する段階が抽出された。「不適応徴候（情緒面）」においては，「いらいらすることがある」「落ち込むことが増えた」等の項目が抽出された。山本ら（2000）は学校生活のなかで感じる抑うつ的な「気分」が学校不適応に関連する可能性を示唆している。普段と違い気持ちが落ちこんでいる様子や，いつもより怒りやすい様子が鑑みられた場合は，注意してみていく必要があると考えられる。「不適応徴候（行動・身体面）」では，「朝ごはんを食べたくないときがある」や「眠れないことがある」「頭が痛くなったり，お腹が痛くなったり，熱がでることがある」等の項目が抽出された。先行研究では食事を楽しめることと精神的健康が関連していること（中山・藤岡，2011）や，睡眠の状況が不登校傾向と関連していること（笹澤ら，2006）が指摘されていた。またストレス反応のうち「身体的反応」が不登校傾向意識を高めている（山崎，1998）ことも明らかになっている。本研究においても，これらの食事や睡眠などの生活習慣の乱れや身体不調が不適応徴候として重要である可能性が示唆された。

本研究では，学校不適応感のプロセスとして，社会的コンピテンスの不足段階から被受容感の乏しさの段階を媒介して，最終的に不適応徴候段階に正の影響がみられた。すなわち，学校不適応感のプロセスとしては，社会的コンピテンスが発揮されないことが，友人をはじめとした学校生活のなかで受け入れられていない状態につながり，最終的に不適応徴候に至る過程が推察された。今後縦断研究を行い，さらにプロセスについて検討していく必要がある。

■ ま と め

本研究では学校不適応感のプロセスとしてリスク要因に関する学校不適応感尺度

を開発し，一定の信頼性と妥当性が示された。そのため，本尺度を用いることで，生徒が学校不適応感における段階のうちどこに位置するかについて察知できる可能性が広がったと考えられる。従来より SC の役割は個人面接を中心に行うというイメージが，周知の事実としてあった（村山，1998）。その一方で，SC が不登校生徒など心の問題を持つ生徒のカウンセリングのみではなく，「教師-生徒」関係をつなげ，さらには子どもの問題行動の「徴候」をこころの問題として見出し，予防・ケアするなど学級・学校システムの改善に寄与することの必要性が指摘されている（伊藤，2007：吉田・中井，2003）。すなわち，SC が生徒を一人で抱え込むのみではなく，生徒と学校とをつなげる心の側面からの橋渡し役となる必要がある。本研究で作成された尺度は，カウンセリングをしている生徒の心理的状態を理解するためのツールともなり得るだろうし，早期に生徒の不適応の徴候を汲みとり，教諭にフィードバックし連携することで，生徒の思いと教諭とを橋渡しする一助となることが望まれる。

第2節　リスク要因に着目した小学生版学校不適応感尺度開発とプロセスの検討（研究 6）[2]

1　問題と目的

　小学生においては中学生及び高校生と比べライフスタイル面が異なり，心理面における相違も指摘されている（都筑，2003）。そのため本研究では，学校不適応感のリスク要因に焦点を当てた学校不適応感尺度小学生版の作成を試みる。また，小学生は高校生と友人関係の質が異なり，友人関係におけるサポート授受の互恵効果も少ない傾向にあること（谷口・浦，2003）及びサポート源を大人（親や教師等）が担う部分が多い傾向も指摘されている（Buhrmester & Furman, 1987; Furman & Buhrmester, 1992; 松本ら，2008）。そのため学校不適応感のリスク要因が高い生徒の援助方法を探るために SC への関心についての尺度を作成するとともに，各尺度間の影響関係について探索的に検討を行う。また，各尺度における学年差についても横断的，縦断的調査を用いて検討する。これにより，学年ごとの学校不適応感のリスクが高い生徒の援助方法について一助となる視点を探る。

　我が国では，1995（平成 7）年度に文部科学省が SC を配置してから 20 年以上が経

2）本節は，鈴木ら（2019）を基に一部加筆，修正したものである。

過し，その成果について数多くの報告がなされてきている。具体的には，生徒との面接を通した心理的援助や教職員へのコンサルテーション等，SC による実践的活動が子どもたちの心の健康と回復に寄与してきている。そのなかでもとくに教師がSC に相談するプロセスに関しての研究（吉村，2012 等）が昨今盛んに行われている。

　その一方で児童は，SC に相談することについてどのように捉えているのだろうか。山口ら（2004）は，中学生を対象とした調査において，子どもは悩みが深刻な場合でも SC などの専門的なヘルパーを相談相手として選択する傾向が低いことを示唆している。また，内閣府（2014）による「平成 25 年度我が国と諸外国の若者の意識に関する調査」では，悩みの相談先としてカウンセラーなどを挙げた若者は，3.7%であり他国に比べても低い傾向にある。このような状況に加え，小学生は高学年になるほど教師からのサポートが得にくいとの知見もある（嘉数ら，2000）。そのため，小学校高学年の児童のなかには，教師にも SC にも相談できずに一人で悩みを抱え，不登校に至ってしまう場合も多々あるのではないだろうか。一方，援助要請に関する研究では，心理的苦痛や悩みを抱えている児童ほど，他者に援助を求める傾向にあったとの報告（永井，2009）もあるが，抑うつ等の症状を抱えている場合は自ら援助を求めることは少ない（Garland & Zigler, 1994）とも指摘されており，不適応の状態により援助要請を行うか否かが異なっている可能性がある。そのなかで不登校児に関しては，「自己表現」は低いが「好奇心」は高い傾向にあることが指摘されており（浅海，2006），不登校前段階にある不適応傾向児童のなかにも SC への潜在的な関心を持ってはいるが，自ら相談室に来室し SC に話しかけることについては躊躇している可能性も考えられる。

　なお，思春期の子どもたちにとっては，自ら感じていることを言語化して表現することが難しい傾向にあり，質問紙調査の方が答えやすい部分もあるのではないかとの指摘もなされている（浅海，2006）。そのため，SC への関心を把握する質問紙調査を行うことは，悩み事を抱え SC への関心を持っているが，自ら相談室に来談することができない児童の SOS を把握する機会となり，カウンセリングにつなげる等早期対応が可能になると考えられる。しかしながら，SC に対する関心について調査できる質問紙はほとんどみられない。そこで本研究では，SC への関心を測定する尺度の開発を試みる。

　そのうえで，学校不適応感のプロセス下にある児童が SC への関心を有しているかについても検討する必要がある。第 1 節では高校生が学校不適応感段階に至る過程として，学校不適応感のリスク要因のひとつである〈社会的コンピテンス不足〉

段階が〈被受容感の乏しさ〉段階を媒介して〈不適応徴候〉段階に正の影響を与えていることを明らかにし，これらの学校不適応感の過程を含めた学校不適応感尺度を開発した。しかしながらこのような不適応要因と不適応徴候から構成された学校不適応感の「過程」に着目した小学生版の学校不適応感尺度は開発されておらず，本研究で開発を試みる。同時に，学校不適応感がSCへの関心に影響を与えるかについても検証することにより，学校不適応感のプロセス上にある児童の援助可能性についても探ることができると考えられる。

　以上より，本研究では学校不適応感のプロセスのひとつとしてリスク要因に着目した小学生版学校不適応感尺度を作成するとともにSCへの関心尺度についても開発を試みる。そのうえで，学校不適応感尺度がSCへの関心尺度に影響を与える過程についても検討を行う。最後に，不適応状態においては，学年差がみられる（Pine, 1965）との指摘もあるため，学校不適応感及びSCへの関心における学年差についても検討を行うこととする。

2　尺度開発及び尺度間の影響過程

■　予備調査

1）目　　的
　小学生の学校不適応感のプロセスとして不適応要因と不適応徴候に焦点を当てた学校不適応感尺度及びSCへの関心についての尺度を作成する。

2）方　　法
　調査時期と対象：X年5月A県内の公立B小学校5年生138名（男子78名，女子60名）を調査対象とした。なお本研究は成績評価には一切関係なく，自由意思での回答であること等を説明し，倫理面についても配慮した。なお，SCの認知状況については，表4-6に示した。

　調査内容：高校生版学校不適応感尺度（鈴木・森田，2015）を参考にしたが，児童の負担を考慮し，不適応要因段階を「友人関係問題」と「自信のなさ」の項目に絞った。「友人関係問題」は学校不適応と関連があり（鈴木・森田，2015），「自信のなさ」は不適応問題との関連が指摘（Tessler & Schwartz, 1972）されている。SCへの関心における項目は，6名のSCで作成した。最終的に小学校教師に全項目につい

表 4-6　各学校におけるスクールカウンセラーの認知状況

	B 校	C 校	D 校
調査実施時の当該校での勤務年数	2 年目	T1：2 年目 T2：3 年目	4 年目
広報活動	校内での活用は手探り状態。給食訪問，授業観察，相談室開放を行う。	SC 便り，相談室開放を行う。T2 時にはアンケートを実施した先生（SC）として認知されていった。	給食訪問，授業観察，休み時間・下校時間の巡回や声かけを行う。
SC の認知状況	ほぼ保護者からの面接で占められており，児童からの SC に対する認知度は低かった。	T1 時，保護者からの相談が多かったが，年度を経るにつれて認知度が上がっていった。	学級崩壊したクラスの対応を行っていたこともあり，認知度はある程度広がっており，児童からの相談もあった。

て確認をお願いした。

3）結果と考察

　学校不適応感尺度の各段階（不適応要因段階・不適応徴候段階）及び SC への関心尺度について探索的因子分析（Promax 回転）を実施した。学校不適応感尺度は，不適応要因段階として「自信のなさ」「友人関係問題」，不適応徴候段階として「不適応徴候（身体面）」「不適応徴候（情緒面）」が抽出された。SC への関心尺度では「スクールカウンセラーへの関心」の 1 因子が抽出された。とくに各因子で点数が高かった児童について担任教師に印象を口頭で尋ねたところ，担任教師の印象と本結果はほぼ一致していた。課題点は，信頼性が不十分（$a = .65 \sim .81$）であり，さらなる項目の検討が必要な点である。

■ 本 調 査
1）目　　的
　予備調査の結果を踏まえ，本調査では項目を加え信頼性・妥当性の検討を行うとともに，各尺度間の影響関係について探索的に検討を行うことを目的とする。

2）方　　法
調査時期と対象：X 年 6 月に A 県内の公立 C 小学校の 3 年生〜6 年生，計 470 名

（男子 228 名，女子 240 名，性別未記入者 2 名）を調査対象とした。

調査内容：予備調査時の項目に新たな項目を加えて，学校不適応感尺度 23 項目，SC への関心尺度 4 項目の合計 27 項目を作成した。「まったくない」から「いつもある」までの 4 件法で尋ねた。また，併存的妥当性を検討するために小学生版 QOL 尺度（柴田ら，2003）より「身体的健康」4 項目，「情動的 Well-being」4 項目及び居場所の心理機能測定尺度（杉本・庄司，2006）より「被受容感」の 7 項目を使用し，学校不適応感尺度との負の相関が見られるか検討を行った。また，小学生用ストレスコーピング尺度（大竹ら，1998）より「情動的回避」「サポート希求」から各 9 項目を使用し，SC への関心と正の相関が見られるか検討を行った。なお本研究は成績評価には一切関係なく，自由意思での回答であること等を説明し，倫理面についても配慮した。

3）結果と考察

項目分析：G-P 分析では，尺度の合計点の平均値を基準に高群と低群に分け，両群の平均値の差の検定を行った結果，全項目において 5％水準で有意差が見られ，弁別性の問題は見られなかった。I-T 分析では，尺度の合計点と各項目について Pearson の積率相関係数を算出した結果，すべての項目において有意な正の相関が見られた。

因子構造の確認：学校不適応感尺度の各段階（不適応要因段階・不適応徴候段階）及び SC への関心尺度について探索的因子分析（Promax 回転）を実施し，因子負荷量 .35 以上を基準に判断した。その結果，学校不適応感尺度の不適応要因段階では「自信のなさ」「友人関係問題」に関する因子が抽出され（表 4-7），不適応徴候段階では「不適応徴候（情緒面）」「不適応徴候（身体面）」に関する因子が抽出された（表 4-8）。最後に，SC への関心尺度については「スクールカウンセラーへの関心」が抽出された（表 4-9）。

信頼性の検討：各下位尺度の a 係数は .70〜 .84 であり，概ね内的一貫性が確認された（表 4-7〜表 4-9）。

表 4-7　不適応要因段階の因子分析結果（Promax 回転後の因子）

質問項目	因子 I	因子 II	共通性	平均値	標準偏差
I　自信のなさ（a=.84）					
失敗するのが怖いと思う	0.875	-0.127	0.661	1.975	0.977
自信をなくすことがある	0.817	0.037	0.701	1.865	0.862
期待にこたえないと，しかられそうで心配になる	0.771	0.025	0.615	1.806	0.908
人から怒られないようにしている	0.519	0.001	0.271	2.046	1.054
嫌われないように行動している	0.495		0.346	1.993	1.056
自分の気持ちをおさえている	0.415	0.292	0.389	1.719	0.945
II　友人関係問題（a=.70）					
他の子にいじわるをされる	-0.058	0.830	0.640	1.459	0.742
他の子に悪口を言われる	-0.053	0.790	0.582	1.635	0.820
授業中にクラスメイトがじゃまをしてくる	0.098	0.382	0.196	1.500	0.847
友達に無視をされる	0.213	0.379	0.277	1.406	0.648

因子相関係数 FI－FII　.66

表 4-8　不適応徴候段階の因子分析結果（Promax 回転後の因子）

質問項目	因子 I	因子 II	共通性	平均値	標準偏差
I　不適応徴候（情緒面）（a=.76）					
学校で心配なことがある	0.776	-0.064	0.540	1.623	0.742
学校で不安な気持ちになる	0.766	-0.082	0.510	1.505	0.705
学校で落ち着かない	0.650	0.024	0.445	1.421	0.733
学校で泣きたい気持ちになる	0.609	0.020	0.387	1.428	0.671
学校が楽しくない	0.476	0.109	0.307	1.465	0.745
学校に行くのがゆううつだ	0.412	0.296	0.419	1.426	0.724
教室にいるのがいづらいことがある	0.390	0.331	0.433	1.264	0.609
II　不適応徴候（身体面）（a=.84）					
頭がクラクラすることがある	-0.145	0.846	0.574	1.574	0.764
気持ちが悪い時がある	-0.024	0.714	0.488	1.500	0.688
頭やお腹など，体が痛いことがある	0.053	0.566	0.363	1.838	0.807
夜寝られないことがある	0.051	0.525	0.314	1.613	0.849
朝起きるのがつらいときがある	0.172	0.395	0.276	1.896	1.029
食べたくないときがある	0.220	0.362	0.285	1.484	0.681

因子相関係数 FI－FII　.54

　妥当性の検討：学校不適応感尺度，SC への関心尺度と併存的妥当性の各尺度との相関係数を算出した（表 4-10）。その結果，学校不適応感尺度（不適応要因，不適応徴候）の各因子は，身体的健康や情動的 well-being と有意な負の相関が見られた。

表 4-9　スクールカウンセラーへの関心における因子分析結果（Promax 回転後の因子）

質問項目	因子 I	共通性	平均値	標準偏差
Ⅰ　スクールカウンセラーへの関心（a＝.79）				
スクールカウンセラーとお話ししてみたい	0.804	0.646	1.81	0.922
相談室をのぞいてみたい	0.638	0.408	1.86	1.019
スクールカウンセラーに相談したいことがある	0.636	0.404	1.44	0.793
スクールカウンセラーがどんな人か知りたい	0.692	0.479	1.94	1.021

表 4-10　各尺度間の相関

	不適応要因		不適応徴候		SC への関心
	友人関係問題	自信のなさ	情緒面	身体面	
身体的健康	-.27 *	-.39 ***	-.30 ***	-.66 ***	-.03
情緒的 Well-being	-.50 ***	-.52 ***	-.46 ***	-.52 ***	-.14
被受容感	-.19 *	-.14	-.26 ***	-.25 **	.02
情動的回避	.21 *	.61 ***	.48 ***	.54 ***	.53 ***
サポート希求	-.01	.17 †	.14	.11	.18 †

$^†p<.10$,　$^*p<.05$,　$^{**}p<.01$,　$^{***}p<.001$

不適応要因（友人関係問題），不適応徴候（情緒面・身体面）については，被受容感とも有意な負の相関が見られた。SC への関心は情動的回避と有意な正の相関，サポート希求とは正の相関の有意傾向が見られた。以上より，尺度の妥当性が概ね示された。今後，予測的妥当性についても検討する必要がある。なお，その他にも学校適応感尺度（不適応要因，不適応徴候）の各因子と情動的回避は有意な正の相関が見られたが，今後この点についてもさらなる検証が必要である。

4）学校不適応感がスクールカウンセラーへの関心に与える影響過程

　欠損値のない 463 名分のデータを用いて不適応要因段階（「自信のなさ」・「友人関係問題」）が，不適応徴候段階（「不適応徴候（身体面）」・「不適応徴候（情緒面）」）を媒介して，SC への関心（「スクールカウンセラーへの関心」）に影響を与えているとのモデルを探索的に検証するために，構造方程式モデリングによるパス解析を行った。その結果，適合度指標は $x^2 = 5.46$, $df=4$, $n.s.$, GFI = .995, AGFI = .983, CFI = .998, RMSEA = .028 であった。x^2 値は標本数が多いと棄却されやすくなる（豊田，1998）ことから，GFI，CFI，RMSEA 等の値によって本モデルの適合度指標は統計学的な許容水準を満たしていると判断した（図 4-2）。また，すべてのパスは有意であり，

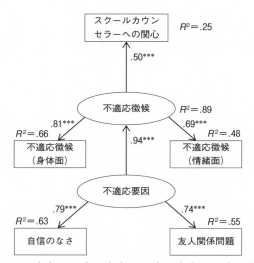

（N＝463, 3年生：111名, 4年生：114名, 5年生：108名, 6年生：130名）

$***p<0.001$

X^2＝5.46, df＝4, $n.s.$；GFI＝.995, AGFI＝.983；CFI＝.998, RMSEA＝.028

図 4-2　学校不適応感がスクールカウンセラーへの関心に与える影響過程

仮説モデルは概ね支持された。なお，〈不適応要因〉から〈不適応徴候〉を媒介して〈スクールカウンセラーへの関心〉に影響を与えるパスと〈不適応要因〉から直接的に〈スクールカウンセラーへの関心〉に影響を与えるパスを同時に仮定したモデルも分析したが，不適応要因からスクールカウンセラーへの関心には有意なパスが見られず，適合度も低くなった（AGFI＝.978, RMSEA＝.042 等）ため，本モデル（図4-2）を採用した。本結果より，不適応要因段階から不適応徴候段階を介して SC への関心につながる傾向が示唆された。

3　学校不適応感及びスクールカウンセラーへの関心における学年差の検討

■ 横断的調査による学年差の検討

1）目　的

　小学生は認知的，心理的にも大きく発達する時期であるため，本研究では横断的調査より不適応徴候や不適応要因，SC への関心について学年差が見られるのか検討した。

表 4-11　学年ごとの各尺度の平均値（標準偏差）

	3 年生 （N=131）	4 年生 （N=134）	5 年生 （N=144）	6 年生 （N=139）	F	多重比較	h^2
自信のなさ	1.77（.67）	1.91（.67）	1.97（.79）	1.85（.61）	2.01		0.01
友人関係問題	1.33（.52）	1.46（.53）	1.40（.54）	1.18（.33）	8.87***	6＜4,5	0.05
不適応徴候（情緒面）	1.34（.44）	1.52（.54）	1.58（.62）	1.36（.42）	6.99***	3,6＜4,5	0.04
不適応徴候（身体面）	1.58（.50）	1.67（.53）	1.64（.53）	1.58（.53）	1.01		0.01
SC への関心	1.73（.69）	1.69（.70）	1.55（.72）	1.33（.47）	10.37***	6＜3,4,5	0.05

*** $p < .001$

2）方　法

調査時期と対象：X + 1 年 2 月に A 県内の公立 D 小学校 3 年生～6 年生，計 548 名（3 年生 131 名，4 年生 134 名，5 年生 144 名，6 年生 139 名；男子 278 名，女子 270 名）を対象とした。

調査内容：小学生版学校不適応感尺度及びスクールカウンセラーへの関心尺度を用いて，「まったくない（1 点）」から「いつもある（4 点）」の 4 件法で尋ねた。

3）結果と考察

各学年の SC への関心，不適応徴候及び不適応要因における項目平均値を算出した。その後，それらを従属変数とし，学年差による一要因分散分析を行うとともに効果量（h^2）を算出した（表 4-11）。各コホートの比較から，友人関係問題と不適応徴候（情緒面）については，6 年生の得点は 4，5 年生に比べ有意に低く，小から中程度の効果量が確認された。これは，発達段階上の心理的発達による影響や思春期の防衛が影響を与えている可能性が考えられる。

■ 縦断的調査による学年差の検討

1）目　的

本研究では，縦断的調査を用いて不適応徴候や不適応要因，SC への関心について学年差が見られるのか検討を行った。

2）方　法

調査時期と対象：X 年 6 月（以下 T1 とする）に公立 C 小学校 470 名（男子 228 名，女子 240 名，性別未記入 2 名；本調査と同対象者）と X + 1 年 12 月（以下 T2 とする）

に公立 C 小学校 441 名（男子 210 名，女子 231 名）を対象とした。このうち，T1 と T2 共に回答した（T2 時点で 4〜6 年生の児童）313 名（男子 152 名，女子 161 名）を分析の対象とした。

調査内容：小学生版学校不適応感尺度及びスクールカウンセラーへの関心尺度を使用した。「まったくない（1 点）」から「いつもある（4 点）」の 4 件法で尋ねた。

3）結果と考察

各学年間における各尺度得点の推移を検討するために対応のある t 検定と効果量（Cohen's d）を算出した（表 4-12〜表 4-14）。その結果，5 年生から 6 年生では，不適

表 4-12　3 年生から 4 年生の平均値（標準偏差）の推移　（N=106）

	3 年生	4 年生	t	d
自信のなさ	1.94 (0.74)	2.10 (0.69)	-1.80 [†]	0.23
友人関係問題	1.78 (0.66)	1.76 (0.67)	0.33	0.04
不適応徴候（情緒面）	1.74 (0.64)	1.70 (0.62)	0.67	0.07
不適応徴候（身体面）	1.57 (0.58)	1.76 (0.59)	-2.95 [*]	0.33
SC への関心	1.95 (0.76)	1.88 (0.85)	0.61	0.08

[†] p<.10, [*] p<.05

表 4-13　4 年生から 5 年生への平均値（標準偏差）の推移　（N=110）

	4 年生	5 年生	t	d
自信のなさ	1.83 (0.67)	1.97 (0.62)	-1.93 [†]	0.21
友人関係問題	1.57 (0.57)	1.55 (0.57)	0.24	0.03
不適応徴候（情緒面）	1.61 (0.60)	1.55 (0.55)	0.92	0.10
不適応徴候（身体面）	1.43 (0.50)	1.65 (0.55)	-3.04 [*]	0.40
SC への関心	1.71 (0.72)	1.70 (0.76)	0.08	0.01

[†] p<.10, [*] p<.05

表 4-14　5 年生から 6 年生への平均値（標準偏差）の推移　（N=97）

	5 年生	6 年生	t	d
自信のなさ	1.89 (0.76)	1.80 (0.58)	1.23	0.13
友人関係問題	1.42 (0.51)	1.26 (0.34)	2.64 [†]	0.35
不適応徴候（情緒面）	1.66 (0.50)	1.43 (0.47)	3.92 [***]	0.47
不適応徴候（身体面）	1.53 (0.51)	1.49 (0.40)	0.65	0.08
SC への関心	1.78 (0.78)	1.43 (0.58)	3.44 [**]	0.50

[†] p<.10, [**] p<.01, [***] p<.001

応徴候（情緒面）とSCへの関心の得点が有意に減少し，3年生から4年生と4年生から5年生では，不適応徴候（身体面）が有意に上昇しており，これらの効果量は小から中程度であった。3年生から4年生，4年生から5年生の間は，中学年から高学年へと学年が上がることで，学校生活や行事等で中心的な役割を求められることが増えてくる。思春期に入り心身ともに変化が激しい時期であるとともに，認知面においても他者との比較がなされ，自分を客観視する時期となる（Harter, 2006）。それに伴い，自信のなさや不安などが生じ，頭痛や腹痛という形で身体症状として表れてきている可能性もある。一方，6年生になり，次第に情緒面に対しての気付きがおこり，自ら友人関係をコントロールできる児童が増えている可能性も考えられる。

4 総合考察

■ 各尺度間の影響過程

　本研究では，学校不適応感のリスク要因に焦点を当てた学校不適応感尺度小学生版の作成を試みて，一定の信頼性・妥当性が得られた結果となった。小学生においては，不適応要因の下位因子として友人関係問題と自信のなさから構成されており，不適応徴候の下位因子は不適応徴候（身体面）と不適応徴候（情緒面）であった。SCへの関心については1因子から構成されており，一定の信頼性と妥当性が得られた。

　続いて，学校不適応感のプロセスとSCへの関心といった援助方法の可能性との関連を模索するために，本研究では不適応要因（友人関係問題・自信のなさ）が不適応徴候（情緒面・身体面）を媒介して，SCへの関心に影響を与えていると仮定し検討を行ったところ，プロセスモデルは支持された。そのため，友人関係問題や自信のなさにより心身共に不適応徴候が現れてくるなかで，SCへの関心が高まっていくと考えられる。従来より心理的苦痛や悩み等は，援助要請を促進することが指摘されており（永井，2009），本研究においてもSCへの関心の観点より支持する結果となった。一方，抑うつ傾向の児童たちは，サポートが必要であったとしても自分から援助を求める傾向は低い（Garland & Zigler, 1994）うえ，外在化した問題を持つ児童たちより発見されづらいため「静かに混乱している」状態にあるといわれている。そのため，教師もしくはSCなどの大人からの援助が得られにくいことにより，さらに困難さが増し，問題が深刻化してから周りが気づく傾向にあるとされていた（Ostrov et al., 1984）。また，彼らの対人行動（何度も繰り返し不満や自己否定的なことを言う等）が周囲にとって不快感をあたえるため，結果として周囲の者が徐々に抑

92

うつ者を避けるようになっていく"サポートの減衰"が起こる可能性が指摘されている（Coyne, 1976）。不安が高い児童においても，主観的な不適応感を抱く傾向にあるが望ましい行動にとらわれルールを侵すような問題行動を起こさない傾向が強いため，教師は問題がない児童と捉えがちである（Kendall et al., 1999）。このように抑うつや不安が高い児童のなかには，自分からサポートを求めることが難しい状況にあるとともに，周りからも気づかれず，時には周りの人から避けられる等サポートが非常に得られにくい状況下にあることが考えられる。

　そのなかで，本研究ではこれらの不適応状態の前段階である不適応徴候児童において，SC への関心が強まっている可能性が示唆された。すなわち，友人関係問題や自信のなさという悩みを持ち不適応徴候を示す児童ほど SC に関心を持ち，SC と話してみたいと感じていることが明らかとなった。なお本研究は SC への関心について尋ねたものであり，実際に SC に相談するといった援助要請の前段階に位置するものと考えられる。とくに不適応徴候等は援助希求との間には有意な関連が見られなかった点を踏まえると，不適応徴候を有している児童は，実際に SC に相談するといったフォーマルな形式ではなく，気軽に相談室で SC と話をし，その延長上に相談したいという気持ちが高まっていくのではないだろうか。今後，SC への関心から実際の援助希求にいたるプロセスについて検討していく必要がある。実際にC 校（表4-6）では継続的にメンタルヘルス調査を SC が実施することで SC への認知度が高まり，児童が SC に気軽に相談する機会が増えた。SC は，児童の気持ちを大切にしつつ丁寧で細やかな配慮を行いながら，本尺度を用いて不適応の早期段階で児童に関わる機会を増やしていくことも予防的活動のひとつとして考えられる。児童が SC 等の大人とのあたたかい心の触れ合いの機会を通して，ネガティブな感情を受容してもらうことで情緒的問題への対処力が増すとの指摘もなされている（Solomon et al., 2000）。また小学生の時期に SC との関わりを経験することは，後の援助要請行動にも影響を及ぼすことが報告されている（Halgin et al., 1987）。小学生時の SC への関わりや相談経験が中学生以降の援助要請行動につながり，継続的な心のケアにつながっていくと考えられる。

■ 学校不適応感尺度及びスクールカウンセラーへの関心の学年差

　次に学年差について検討したところ，横断的研究，縦断的研究ともに SC への関心が小学6年生は5年生に比べ有意に低下しており，小から中程度の効果量がみられた。この背景のひとつとしては，不適応要因（友人関係問題）や不適応徴候（情緒

面）が同学年間において有意に低下していることが影響していると考えられる。Gesell（1956）は，12歳になると同輩にむけて釣り合いの取れた関心を持つことができるとともに，自己洞察力や自己統制力が増す時期であることを指摘している。また，心理相談所等を訪れる子どもの数は，4〜7歳，9〜11歳及び14〜16歳の青年期にピークに達する傾向にあるとの報告もある（Pine, 1965）。このように小学6年生は11，12歳に該当するため，自己統制力が増し友人関係問題も減り，その結果相談に訪れる児童も一旦減少する時期であるため，SCへの関心も低下した可能性が考えられる。一方で向井・丸野（2005）は，小学校低学年時では心理的特性の起源を1つの要因（遺伝もしくは環境要因）で説明するような傾向が強かったのに対して，小学5・6年生頃から遺伝と環境の両方の要因で説明する傾向が見られると指摘している。実際に江上ら（2003）の研究においても小学5年生よりも6年生で抑うつ症状が低下するが，学校差が見られ学校環境の影響力が大きいと報告している。このように小学6年生頃には，自己や他者との関係における調整能力が高まってくる時期であるとともに環境の影響や効果も得られやすい時期であると考えられる。

　同時にこの時期は心理的な防衛も高まる時期であり，何らかの問題を抱えていたとしても表面化したくないという思いが働いている可能性も考えられる。永井（2009）によると，小学生では，学年の上昇に伴って教師への援助要請が減り，友人などのインフォーマルな対象への援助要請が高まることが指摘されていた。このように相談要請の学年差の背景としては，児童のなかで徐々に依存と自律の発達的なせめぎ合いが起こり，それ以前と比べ大人への援助に頼るということは自律性を脅かす感覚を持っていることが示唆されている（Garland & Zigler, 1994）。また自尊感情の低い人ほど，周りからのサポートを受けることは，自力で課題を解決できないというように自分を傷つける情報として認識し，防衛的に反応するとの指摘もある（Tessler & Schwartz, 1972）。そのため，自信がない児童ほど相談することによる周りの評価や自分自身の力のなさを痛感することにつながり，人に頼ることも躊躇しやすい状況に陥る可能性が考えられる。これらの問題を軽減するためには，級友をはじめとした学校全体の相談行動について共通の認識を持つ必要がある。たとえば，SCが教師と協働して心理教育を行うなかで，中学生に対して「人に相談することは決して恥ずかしいことではなく，健康的な生活を送るうえで自然なことでとても大切である」と伝えることで，生徒たちの相談することに対する抵抗を弱め，その後の相談につながる場合も報告されている（鈴木・川瀬, 2013b）。加えて，学校環境

が児童の抑うつ症状に影響している点（江上ら，2003）も踏まえると，SC が教師と連携して行う心理教育等で相談することの意義について児童に伝えることで，学校環境が変わることにつながり，抑うつ等のメンタルヘルス問題の低減につながる可能性もあるのではないだろうか。この点については，今後調査を行うなかで，さらに検討する必要がある。

■ まとめ

本研究では，小学生版学校不適応感尺度を作成し，〈不適応要因〉〈不適応徴候〉において計 4 因子が，SC への関心尺度については 1 因子が抽出された。小学生の学校不適応感のプロセス下においては，リスク要因としては友人関係の不安や自信のなさが不適応徴候の高さにつながっていることが明らかとなった。同時に小学生では，不適応要因が不適応徴候を介して，SC への関心に正の影響を与えており，学校不適応感が高まっている生徒は SC と話をしてみたいという思いを抱えていることを念頭に，SC からも自然な関わりを増やしていく機会を設ける等の必要性が示された。今後縦断的研究を用いて，さらなるプロセスの検証が必要である。

第 3 節　本章のまとめ

本章では，第 2 章でリスク要因の 1 つであることが示された社会的コンピテンスの不足と，第 3 章で作成された不適応徴候の知見を基に，学校不適応感にいたるリスク要因に着目した学校不適応感尺度の開発を行い，そのプロセスについて検討を行った。まず学校不適応感に至るリスク要因に着目した高校生版学校不適応感尺度を開発し，信頼性と妥当性について検討した。探索的因子分析の結果，〈不適応徴候〉，〈被受容感の乏しさ〉，〈社会的コンピテンスの不足〉の 3 水準ごとに下位因子が抽出された。本尺度は，青年期適応感尺度（大久保，2005）と負の相関がみられ，基準関連妥当性が備わっていることが確認された。また，教師評定で指名された生徒（指名群）の方が，それ以外の生徒（対照群）より，学校不適応感尺度の値が有意に高く，内容的妥当性についても確認された。学校不適応感にいたるプロセスとしては，〈社会的コンピテンスの不足〉が〈被受容感の乏しさ〉を媒介し，〈不適応徴候〉に影響を与えている可能性が示された。そのため，社会的コンピテンスが不足している生徒は周りから受容されているという感覚が乏しく，不適応徴候を示すというプロセスが推察された。

　次に，小学生版学校不適応感尺度及び SC への関心尺度を開発した。まず，予備調査をもとに質問紙調査を作成し，本調査では小学 3 年生〜 6 年生を対象に質問紙調査を実施した。因子分析の結果，学校不適応感尺度では〈不適応要因〉〈不適応徴候〉の 2 水準において計 4 因子が，SC への関心尺度については 1 因子が抽出された。次に，各尺度の影響過程としては，不適応要因が不適応徴候を媒介して SC への関心に影響を与えている可能性が示された。さらに，横断的調査と縦断的調査を用いて学校不適応感尺度と SC への関心尺度の学年差について検討を行った。その結果，SC への関心と不適応要因（友人関係問題）及び不適応徴候（情緒面）が小学 5 年生から 6 年生間で有意に低下していたことが明らかとなった。

　本章では，リスク要因に着目した学校不適応感尺度について高校生版と小学生版を作成し，両尺度とも妥当性と信頼性を確認することができた。なお，学校不適応感のリスク要因としては，高校生では社会的コンピテンスの不足と被受容感の乏しさが関連しており，小学生では友人関係の不安や自信のなさが不適応徴候に影響を与えていることが推察された。同時に小学生では，不適応要因が不適応徴候を媒介して，SC への関心に有意な正の影響を与えており，学校不適応感が高まっている生徒は SC と話をしてみたいという思いを抱えていることを念頭において，SC からも自然な関わりを増やしていく機会を設ける等の必要性が示された。

第5章

学校不適応感を抑制する保護要因とは何か

ロールフルネスとレジリエンスに着目した高校生への調査から

　本章では，第1章で紹介した学校不適応感の保護要因としてロールフルネス（役割満足感）とレジリエンスに焦点を当てる。そのうえで，前章で作成した学校不適応感尺度とロールフルネス及びレジリエンスとの関連について検討を行うことで，ロールフルネスとレジリエンスが学校不適応感の保護要因であるかどうかについて探る。

　これにより，学校臨床現場における学校不適応感に関する予防的支援方法に指針を与えうる基礎的研究を行うことを目標とする。

第1節　ロールフルネスが学校不適応感に与える影響（研究7)[1]

1　問題と目的

　本研究では，学校不適応感の保護要因として主観的な役割満足感であるロールフルネスに焦点を当て，第4章で作成した学校不適応感尺度との関連について明らかにする。

　学校不適応を抑制する保護要因については，第1章で述べてきたように，これまでいくつかの研究がなされてきている。たとえば，教師や友人との良好な関係や学校エンゲージメント，課外活動等である（Barile et al., 2012; Croninger & Lee, 2001;

---

1) 本節は，鈴木・加藤（2019）を基に一部加筆，修正したものである。

Fall & Roberts, 2011; Mahoney & Cairns, 1997; Wentzel et al., 2004; Zaff et al., 2017)。具体的には，課外活動を通して，対人関係能力が向上し（Mahoney et al., 2003），学校関連の友人関係上のネットワークができることで学校とのつながりが強化され，不適応行動が抑制され，保護要因として作用する（Mahoney, 2000; Ream & Rumberger, 2008）ことが指摘されている。我が国においても，部活動での積極性の高さが心理的適応（岡田，2009）やその後の学校生活満足感（角谷，2005）につながることが示されている。また，特別支援教育の一環として，自閉症児が係活動等の役割行動を持つことで，学級児童全員が対象児の係活動を認める機会となったなど適応を促す効果についても報告されている（廣瀬ら，2001）。このように部活動や係活動等が生徒の学校適応に影響を与えていると考えられる。なお，これらの課外活動等と学校適応に関する研究は，実際の活動参加度や積極性，役割遂行度などに焦点が当てられているが，これらの活動を通じて得られる生徒自らが感じる主観的な役割満足感についても学校適応と関連しているのだろうか。

　これまで役割に関する尺度としては性役割感に関する尺度（たとえば Bem, 1974; Fiebert, 1983 等）や母親役割（大日向，2016; 寺薗・山口，2015 等）に関する尺度が主であり，生徒自身が学校生活などの役割を通して，日々の生活のなかで感じる役割満足感に関する尺度はほとんど作成されてこなかった。そのなかで学校場面における役割と関連した尺度としては，心理的居場所感尺度の下位尺度のひとつとして，役割感尺度が作成されている（則定，2008）。ここでいう心理的居場所感とは「心の拠り所となる関係性，及び安心感があり，ありのままの自分を受容される場があるという感情」のことであり（則定，2008），心理的居場所感は学校適応と正の相関があることが示されている（則定ら，2006）。なお，心理的居場所感の「役割感」は，特定の重要な他者との関係性に基づくものであるが，特定の他者との関係性とは限らない日常生活で得られる役割満足感に着目した尺度として，ロールフルネス尺度（Kato & Suzuki, 2018）がある。Kato & Suzuki（2018）は，ロールフルネスを「日常生活で感じる持続的な役割満足感」と定義し，ロールフルネス尺度は社会的及び内的ロールフルネスの下位尺度から構成されていると報告している。社会的ロールフルネスとは，「所属する集団の中に自分の役割がある」というように，実際の対人関係等において得られる役割意識に基づく満足感を指す。一方，内的ロールフルネスとは「役割によって自分らしさを実感できる」というように，役割満足感が個人の自信やアイデンティティとして内在化したものである。しかしながら，ロールフルネスと学校不適応感との関連については研究されていない。

　McAdams（2010）は，特徴的な適応（characteristic adaptations）について，時間，場所，社会的な役割等の文脈のなかで説明されるものであり，動機付けや目標，努力，個人的なプロジェクト，価値，興味，防衛機制，コーピング戦略等も含まれるとしている。そのため，不適応感と社会的な役割も関連し合っている可能性が考えられるが，具体的な検証はなされていない。また，ロールフルネスにおいては社会的スキルとの関連がみられることが指摘されている（Kato & Suzuki, 2018）。同時に第 4 章で作成した学校不適応感尺度では，社会的スキルを含む社会的コンピテンスの不足が被受容感を媒介して，不適応徴候に影響を与えていることが明らかとなっており，ロールフルネス尺度と学校不適応感尺度との間に関連が見られる可能性がある。学校生活等で感じる役割満足感と学校不適応感との関連について検討を行うことで，学校不適応予防の一助となる知見が得られる可能性も考えられる。そのため，本研究では，とくに縦断的調査を用いて学校不適応感とロールフルネスの影響過程について検討することにより，ロールフルネスが学校不適応感に与える長期的な影響について検証することを目的とする。

2　方　　法

■ 調査対象者と手続き

　対象者は，公立高校の 293 名（男子 130 名，女子 163 名）である。対象者が高校 1 年次であった X 年 10 月（T1），高校 2 年次であった X ＋ 1 年 10 月（T2），高校 3 年次であった X ＋ 2 年 10 月（T3）の計 3 回実施した。最終的に 3 時点すべてに回答が得られた 282 名（男子 127 名，女子 155 名）を分析対象とした。調査は学級担任によって実施された。複数時点での回答を照合するために記名式で調査を行ったが，質問紙には，回答したくない項目は回答しなくて良いこと，正しい答えや間違った答えはないこと及び回答は学校の成績とは一切関係ないことを伝えた。

■ 質問紙の内容

1）学校不適応感

　高校生版学校不適応感尺度を用いた。不適応徴候（「落ち込むことが増えた」等 12 項目），被受容感の乏しさ（「最近，誰も自分のことを認めてくれていない」等 10 項目），社会的コンピテンスの不足（「相手の問いかけにどう答えたら良いか分からないことがある」等 9 項目），計 31 項目を用いた。生徒には「よく当てはまる（5 点）」から「全

く当てはまらない（1点）」までの5件法で回答を求めた。

2) 役割満足感

Kato & Suzuki (2018) のロールフルネス（rolefulness）尺度を用いた。本尺度は社会的ロールフルネス（「所属する集団の中に自分の役割がある」等4項目），内的ロールフルネス（「役割によって自分に自信が持てる」等3項目），計7項目を用いた。生徒には「よく当てはまる（5点）」から「全く当てはまらない（1点）」までの5件法で回答を求めた。

3 結 果

■ 信頼性と相関関係の検討

各尺度について，基礎統計量と a 係数及び相関係数を算出した（表5-1）。信頼性は $a = .77 \sim .93$ であり，概ね信頼性が確認できた。相関分析では，T1次の社会的ロールフルネスは，T1～T2次の学校不適応感の下位因子と有意な負の相関が見られた。

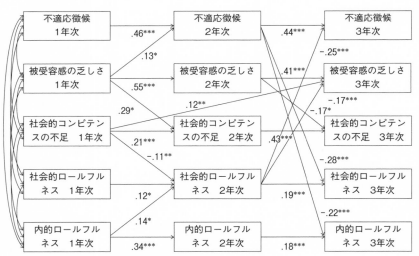

注．CFI=.98, GFI=.96, RMSEA=.05, N=282
なお，パス係数は有意なパスのみ表示，誤差項と誤差相関は削除した。
*** $p < .001$, ** $p < .01$, * $p < .05$ を表す。

図5-1 学校不適応感とロールフルネスの因果関係

表 5-1　基礎統計量と α 係数, 各変数間の相関係数 (N=282)

	1	2	3	4	5	6	7	8	9	10	11	12	13	14	15
1. T1 不適応徴候	—														
2. T2 不適応徴候	.57***	—													
3. T3 不適応徴候	.44***	.49***	—												
4. T1 被受容感のえしさ	.62***	.41***	.35***	—											
5. T2 被受容感のえしさ	.39***	.69***	.33***	.55***	—										
6. T3 被受容感のえしさ	.32***	.38***	.66***	.51***	.46***	—									
7. T1 社会的コンピテンスの不足	.47***	.28***	.30***	.60***	.37***	.38***	—								
8. T2 社会的コンピテンスの不足	.34***	.63***	.30***	.41***	.71***	.32***	.39***	—							
9. T3 社会的コンピテンスの不足	.19*	.25***	.47***	.17**	.18**	.48***	.20**	.34***	—						
10. T1 社会的ロールフルネス	-.38***	-.23***	-.25***	-.37***	-.27***	-.25***	-.42***	-.23***	-.06	—					
11. T2 社会的ロールフルネス	-.09	.02	-.23***	-.15*	.08	-.15*	-.19**	.13*	.06	.28***	—				
12. T3 社会的ロールフルネス	-.27***	-.27***	-.21***	-.21***	-.13*	-.12	-.19**	-.13*	.13*	.33***	.19**	—			
13. T1 内的ロールフルネス	-.31***	-.14*	-.17***	-.26***	-.17**	-.13*	-.39***	-.11	.01	.70***	.27***	.28***	—		
14. T2 内的ロールフルネス	-.06	-.03	-.19***	-.11	-.01	-.13*	-.10	-.09	.06	.27***	.74***	.20**	.35***	—	
15. T3 内的ロールフルネス	-.23***	-.21***	-.16***	-.13*	-.12*	-.02	-.17**	-.10	.18**	.32***	.13*	.77***	.31***	.22**	—
Mean	2.74	2.89	2.84	2.67	2.83	2.69	2.64	3.09	3.09	2.93	2.99	2.89	3.28	3.20	3.22
SD	0.76	0.82	0.79	0.84	0.89	0.86	0.68	0.80	0.59	0.72	0.84	0.76	0.91	0.89	0.88
α	.87	.89	.90	.91	.93	.93	.80	.77	.78	.86	.91	.92	.92	.91	.93

*** $p<.001$, ** $p<.01$, * $p<.05$

■ **学校不適応感がロールフルネスに与える影響**

　学校不適応感とロールフルネスとの影響過程を確認するために，交差遅延効果モデルによる検討を行った結果，適合度指標は概ね良好であった（図5-1）。

　1年次の内的ロールフルネスは2年次の社会的ロールフルネスを媒介して，3年次の被受容感の乏しさと不適応徴候に有意な負の影響を与えていた。同様に1年次の社会的コンピテンスの不足は，2年次の社会的ロールフルネスを媒介して，3年次の被受容感の乏しさと不適応徴候に有意な正の影響を与えていた。また，1年次の被受容感の乏しさは，2年次の不適応徴候を媒介して，3年次の社会的及び内的ロールフルネスに有意な負の影響を与えていた。

4 考　察

　本研究では，学校不適応感の保護要因として主観的な役割満足感であるロールフルネスに焦点を当て，第4章で作成した学校不適応感尺度との関連について検討した結果，1年次の内的ロールフルネスは2年次の社会的ロールフルネスを媒介して，3年次の被受容感の乏しさと不適応徴候に有意な負の影響を与えていた。そのため，1年次に役割によって自分らしさを実感できている等役割を通して自信を持てる経験をしている生徒は，2年次においても所属集団で自分の役割を持てていると感じられ，3年次においても疎外感を持ったり，不適応徴候が生じることは少ないことが明らかとなった。これまで組織的な活動に関わるなど役割を持つことで，社会的スキルが向上し（Mahoney et al., 2003），関わった人とのつながりが強化され（Hansen et al., 2003; Mahoney et al., 2003; Schaefer et al., 2011），不適応問題を減少させること（Farb & Matjasko, 2012）が指摘されてきていた。本研究では，これまで指摘されてきていた実際の役割行動と学校不適応感との関連ではなく，役割意識に基づく主観的な役割満足感であるロールフルネスにおいても学校不適応感に負の影響を与えていることが示唆された。すなわち，高校生において，内的ロールフルネスと社会的ロールフルネスが学校不適応感における保護要因となることが縦断研究より示された。

　同時に，本研究では，1年次の社会的コンピテンス不足が2年次の社会的ロールフルネスを媒介して，3年次の被受容感の乏しさ及び不適応徴候に正の影響を与えていた。淺木・奥野（2018）は，大学生を対象に心理的居場所感の「役割感」「被受容感」が社会的スキルと有意な正の相関があったことを報告していたが，因果関係についてまでは検討されていなかった。本研究では，高校3年間で社会的コンピテン

スの不足が社会的ロールフルネスを媒介して被受容感の乏しさに影響を与えていることが示された。同時に，第 4 章にて学校不適応感のプロセスとして社会的コンピテンスの不足が被受容感の乏しさを媒介して不適応徴候に影響を与えると示したが（鈴木・森田，2015），これらの学校不適応感のプロセスに社会的ロールフルネスが媒介していることが明らかとなった。これは，McAdams（2010）が特徴的な適応は社会的な役割等の文脈のなかで説明されるものであると指摘していた点について，学校適応感の観点より支持する結果であったと考えられる。しかしながら McAdams（2010）が述べている特徴的な適応の他の要素（動機付けや目標，価値，興味，防衛機制，コーピング戦略等）との関連については調査できておらず，今後の課題である。

　なお，学校場面における社会的な活動としては，海外ではとくに課外活動（extracurricular activities）について取り上げられることが多く，日本では課外活動のなかでもとくに部活動と学校適応については研究がなされてきた。そのため，課外活動及び部活動に関する先行研究の知見を参考に本研究結果（社会的コンピテンスの不足が社会的ロールフルネスを媒介して，被受容感の乏しさと不適応徴候に影響を与えていた点）について捉えてみると，3 つの可能性が考えられる。

　1 つ目に，社会的コンピテンスが不足している生徒においては，課外活動等で重要な役割を担う機会が少なく，結果的に社会的ロールフルネスが低下し，被受容感の乏しさと不適応徴候に至っている可能性が考えられる。従来から部活，クラブ，組織等の課外活動で指導的地位を維持することは，対人スキルの向上と相関があることが報告されていた（Rubin et al., 2002）。しかし，これらの結果は課外活動に参加したことによる効果というより，もともと対人スキルの高い個人がリーダーの地位を獲得する可能性が高い故に生じた結果である可能性についても指摘されていた（Bartkus et al., 2012）。そのため，逆に社会的コンピテンスが不足している生徒については，これまで責任ある役割を任され，やり遂げた経験が少なく，日常生活においても役割感を得ることができず，不適応徴候につながっている可能性がある。そのため，社会的コンピテンスが低い生徒に対して，教師等が早期の段階で生徒の特性にあった適切な役割を与え，成し遂げる体験をできるような環境づくりをすることが必要なのではないだろうか。

　2 つ目に，社会的コンピテンスが不足している生徒は，部活などの課外活動に積極的にコミットメントできず，その結果社会的ロールフルネスの低下につながり，被受容感の乏しさ及び不適応徴候に至った可能性が考えられる。これまで関与するコミットメントのレベルが，学校適応に影響を与える（Hartmann & Massoglia,

2007) ことが指摘されていた。岡田 (2009) は部活動に積極的な生徒は無所属の生徒に比べ心理的適応の得点が高くなっていたが，部活動に積極的でない生徒は無所属の生徒より心理的適応の得点が有意に高い結果にはならなかったと報告している。また，角谷・無藤 (2001) は，「部活動での欲求満足度」は，「部活動へのコミットメント」を媒介して，「学校生活への満足度」に影響を与えていたと述べている。このように，役割が生じている環境に身を置いていたとしてもどの程度活動にコミットメントしているかにより，学校不適応感への影響過程も異なると考えられる。とくに，社会的コンピテンスが不足している生徒は，人間関係が上手くいかない傾向にあり (Kim & Cicchetti, 2004; Shonk & Cicchetti, 2001)，活動へのコミットレベルが他の生徒より低く，不適応徴候等につながっているのではないだろうか。その一方で，先行研究ではとくに平均以下の対人関係コンピテンスを持つ生徒の方が，課外活動を行うことで，対人関係コンピテンスの向上が最も顕著にみられた (Mahoney et al., 2003) との報告もある。また，課外活動が生徒の発達にポジティブな影響を与えるには，活動内容における構造化と非構造化を比較すると，構造化されたプログラムの方が大人のサポートの手が行き届き，適応を促していることが報告されているなど (Mahoney & Stattin 2000; Posner & Vandell 1999)，教師等の大人が活動のなかでどのような役割を果たしていくかが重要となる。しかし，同時に課外活動の定義そのものが研究により異なっており，課外活動が与える適応への有効性については一貫した結果が得られていないとの指摘もある (Bartkus et al., 2012)。また，課外活動が若者の発達に与える影響過程には，多数の潜在的な要因が多層的に関与していることが多く，最終的に活動が行われる環境下における多くの動的な状況要因に依存することが報告されている (Guest & McRee, 2009)。そのため，一人ひとりの個別のケースの背景にある状況を丁寧にアセスメントし，生徒の適応を促すための役割活動の在り方について検討を行っていく必要があると考えられる。

■ま と め

　本研究では，高校1年次の社会的コンピテンスの不足が高校2年次の社会的ロールフルネスを媒介して，高校3年次の被受容感の乏しさと不適応徴候に正の影響を与えていた。さらに，高校1年次の被受容感の乏しさが高校2年次の不適応徴候を媒介して，高校3年次の社会的ロールフルネスと内的ロールフルネスに負の影響を与えていることも示された。学校不適応感とロールフルネスは，相互に影響し合っている過程が示唆された。以上より，ロールフルネスは学校不適応感のプロセス上

の保護要因であることが示された。

第 2 節　レジリエンスが学校不適応感に与える影響（研究 8）

1　問題と目的

　本節では，学校不適応感を抑制する保護要因としてレジリエンスに焦点を当て，レジリエンスが学校不適応感のプロセスに与える影響過程について明らかにする。

　近年，リスク要因を緩衝し，個人の良好な適応を促進することを目指した保護要因に関する研究では，レジリエンスが重要な心理的構成概念として注目されている（Wang et al., 1994）。

　レジリエンスの概念の捉え方については，第 1 章においてすでに述べたように多岐に渡るが，大きく 2 つの流れがある。1 つは，レジリエンスを個人の資質や能力，性格のように個人内の静的な資質として捉えた視点である（Harriman, 1959; Kobasa, 1979; Olsson et al., 2003; Rhodewalt & Zone, 1989）。もう 1 つは，個人，家庭，コミュニティといった多層的な指標（Luthar, 1993）より捉えた個人内外での相互作用といった動的なプロセス（dynamic process）としてレジリエンスを捉える視点である（Luthar et al., 2000; Masten et al., 1990; Rutter, 1999）。そのなかでとくに近年では，レジリエンスは個人の特性に基づくものとしてだけではなく，リスクにおかれた逆境下のなかで個人的または環境的な資源により生起される心の回復現象や過程（Richman & Fraser, 2001）として等，広義の視点で捉えられてきている。すなわち，レジリエンスはプロセスであり，二分法で固定された結果や単一のイベントとしてではなく，連続体に沿って理解することが重要だと指摘されている（Khanlou & Wray, 2014）。

　このようにレジリエンスを過程として捉えたときに，子どものポジティブな社会的適応につながるレジリエンスとは，「家庭，学校，地域社会における前向きで支援的な社会環境の存在」と「本質的な社会的感情能力の開発」の 2 つの主要な要因の相互関連によりもたらされるとの指摘もある（Benard, 2004）。前者の支援的な社会環境に関する研究としては，子どものポジティブな気質が，大人からの思いやりやサポートを引き出すなど大人からの社会的サポートを受けることにつながり，長期的な適応に影響を与えている可能性について報告されている（Werner, 1997）。また後者の社会的感情能力については，子どもの全体的な前向きな適応または健康の重要な指

標として捉えられている（Luthar & Burack, 2000）。以上のようにレジリエンスは，気質のような資質として個人が生来より持ち合わせている側面と社会的・感情的能力のような人との関わり等のなかで獲得されていく側面から構成されており，これらが適応と関連があることが考えられる。

　なお，レジリエンスに関する尺度としては，これまで多くの尺度が用いられてきた（Block & Kremen, 1996; 小塩ら，2002; Wagnild & Young, 1993 等）が，レジリエンスを資質と獲得した面から測定できる尺度として，二次元レジリエンス要因尺度（平野，2010）がある。二次元レジリエンス要因尺度では，持って生まれた気質と関連の強い「資質的レジリエンス」と発達的に身につけやすい「獲得的レジリエンス」を分けて捉える尺度を開発している。なお，二次元レジリエンス要因尺度は，Cloninger et al.（1993）の気質-性格モデルに基づいて作られており，資質的レジリエンスと獲得的レジリエンスはそれぞれ Temperament Character Inventory（以下，TCI と略記）の「気質」（生得的な側面）と「性格」（後天的な側面）と関連していることが確認されている。

　一方，レジリエンスと学校適応とはどのような関連があるのだろうか。これまで学校適応とレジリエンスに関する研究では，リスクを持ちつつもレジリエンスが高い子どもは，教室での行動において忍耐に基づく積極的な適応を示しており，レジリエンスは心理社会的適応の形成においてとくに重要であったとの報告もある（Luthar et al., 2000）。また，大学生と予備校生を対象とした研究では，レジリエンス（資質的レジリエンス・獲得的レジリエンス）と心理的適応感との間に正の関連が見られることが示されている（平野，2012）。学校適応感とレジリエンスに関する研究では，小学1年次入学期のレジリエンス尺度における意欲と学校適応感との間に正の相関（森岡・岩元，2011）が見られ，小学3年次の教室のなかでの仲間からの受容感が小学6年次のレジリエンスとの間に正の相関があったことも示されている（臼井，2015）。高校生における研究では，学校適応とも関連する自律的動機づけとレジリエンスとの関連を検討し，自己決定感，有能感，ソーシャル・サポートがレジリエンスに正の影響を与えていたことが示されている（久保ら，2015）。

　このようにレジリエンスと学校適応に関しては少しずつ検討が積み重ねられてきているが，Masten et al.（1990）が述べているように，今後のレジリエンス研究は適応を促進するプロセスに着目していく必要性がある。しかしながら，これまでの学校適応感の尺度は状態を示した尺度が主に用いられており，学校適応感をプロセスから捉えた尺度とレジリエンスとの関連については，検討されていない。また，

レジリエンスの特性が，抑うつ症状に対するストレスの認識を「緩和」すること（Catalano et al., 2011）も指摘されており，プロセスから捉えた学校不適応感とレジリエンスとの関連についても検討することは，とくにリスクの高い生徒への援助方法への有益な示唆が得られる可能性もある。そこで，本研究では学校不適応感のプロセスに関する尺度である学校不適応感尺度と二次元レジリエンス要因尺度との関連について検討を行う。それにより，学校不適応感のプロセス上における保護要因として，レジリエンスが影響を与えているかについて明らかにする一助になると考える。

2　方　　法

■ 調査時期と対象

X 年 6 月に，私立 A 高校の 1 年生〜3 年生を対象に，質問紙調査を実施した。記入に不備の回答があった者を除く，計 816 名（男子 348 名，女子 454 名，性別未記入者 14 名）を調査対象とした。

■ 調査内容

1）学校不適応感

第 4 章で作成した高校生版学校不適応感尺度を用いた。高校生版学校不適応感尺度は，〈社会的コンピテンスの不足〉段階の下位因子として「コミュニケーションの不足」6 項目と「対人問題解決スキルの不足」3 項目，〈被受容感の乏しさ〉段階の下位因子として「友人関係の不安」4 項目と「承認欲求の高さ」6 項目，〈不適応徴候〉段階の下位因子として「不適応徴候（情緒面）」5 項目と「不適応徴候（行動・身体面）」7 項目から構成されており，計 31 項目を用いた。「全くあてはまらない（1点）」から「よくあてはまる（5 点）」までの 5 件法で尋ねた。

2）レジリエンス

本研究では，レジリエンス尺度として二次元レジリエンス要因尺度（平野，2010）を用いた。二次元レジリエンス要因尺度では，「資質的レジリエンス」と「獲得的レジリエンス」の 2 つの下位尺度がある。資質的レジリエンスの下位因子としては，楽観性，統御力，社交性，行動力の 4 因子であり，獲得的レジリエンスの下位因子としては，問題解決志向，自己理解，他者心理の理解の 3 因子から構成されている。

各因子は3項目から成り，計21項目について「全くあてはまらない（1点）」から「よくあてはまる（5点）」までの5件法で尋ねた。

3 結　果

■ 学校不適応感とレジリエンスとの相関

各尺度について，基礎統計量と a 係数及び相関係数を算出した（表5-2）。信頼性は統御力と自己理解を除くと $a = .71 \sim .93$ であり，概ね信頼性が確認できた。統御力と自己理解は，先行研究（平野, 2010）においても信頼性係数が低くなることが指摘されているため，下位尺度（資質的レジリエンス・獲得的レジリエンス）を用いての検証が望ましいとされている。資質的レジリエンス（$a = .82$）と獲得的レジリエンス（$a = .77$）においては信頼性が確認された。資質的レジリエンスと獲得的レジリエンスともに学校不適応感と有意な負の相関関係がみられた。レジリエンス尺度の下位因子としては，獲得的レジリエンスの問題解決志向及び他者心理の理解が友人関係の不安との間で有意な相関が見られなかった以外は，すべて有意な負の相関が示された。

■ 学校不適応感に及ぼすレジリエンスの影響

次に，資質的レジリエンスと獲得的レジリエンスを説明変数，学校不適応感尺度の下位因子を目的変数とした重回帰分析を行った。分析の結果，友人関係の不安は資質的レジリエンスから有意な負のパスが見られ（$\beta = -.39, p < .001$），獲得的レジリエンスからは有意な正のパスが見られた（$\beta = .09, p < .05 ; R^2 = .11, p < .001$）。コミュニケーションスキルの不足では，資質的レジリエンス（$\beta = -.34, p < .001$）と獲得的レジリエンス（$\beta = -.15, p < .001 ; R^2 = .20, p < .001$）から有意な負のパスが見られた。対人関係問題スキルの不足においても資質的レジリエンス（$\beta = -.32, p < .001$）と獲得的レジリエンス（$\beta = -.27, p < .001 ; R^2 = .27, p < .001$）から有意な負のパスが見られた。

一方，資質的レジリエンスのみから負のパスが見られたのは，不適応徴候（情緒面）（$\beta = -.41, p < .001 ; R^2 = .17, p < .001$），不適応徴候（行動・身体面）（$\beta = -.28, p < .001 ; R^2 = .10, p < .001$），承認欲求の高さ（$\beta = -.30, p < .001 ; R^2 = .11, p < .001$）であった。

表 5-2　基礎統計量と α 係数、各変数間の相関係数 （N=816）

	1	2	3	4	5	6	7	8	9	10	11	12	13	14	15
1. 不適応徴候（情緒面）	—														
2. 不適応徴候（行動・身体面）	.501***	—													
3. 友人関係の不安	.466***	.339***	—												
4. 承認欲求の高さ	.532***	.398***	.629***	—											
5. コミュニケーションスキルの不足	.497***	.381***	.551***	.600***	—										
6. 対人問題解決スキルの不足	.221***	.116**	.316***	.276***	.322***	—									
7. 楽観性	-.312***	-.206***	-.314***	-.319***	-.308***	-.400***	—								
8. 統御力	-.373***	-.239***	-.268***	-.226***	-.239***	-.276***	.385***	—							
9. 社交性	-.238***	-.185***	-.267***	-.244***	-.395***	-.427***	.346***	.308***	—						
10. 行動力	-.254***	-.257***	-.151***	-.197***	-.196***	-.219***	.246***	.360***	.278***	—					
11. 問題解決志向	-.127***	-.112**	-.055	-.088*	-.192***	-.386***	.332***	.257***	.379***	.362***	—				
12. 自己理解	-.265***	-.274***	-.261***	-.321***	-.384***	-.314***	.295***	.243***	.293***	.277***	.303***	—			
13. 他者心理の理解	-.140***	-.070*	-.028	-.090*	-.214***	-.325***	.256***	.333***	.437***	.331***	.457***	.302***	—		
14. 資質的レジリエンス	-.408***	-.294***	-.348***	-.324***	-.420***	-.476***	.568***	.735***	.812***	.522***	.437***	.376***	.510***	—	
15. 獲得的レジリエンス	-.230***	-.200***	-.145***	-.215***	-.345***	-.455***	.393***	.368***	.489***	.430***	.810***	.685***	.768***	.582***	—
Mean	3.18	2.48	2.96	2.59	3.01	3.54	3.51	3.15	2.94	3.04	3.17	3.40	3.35	4.03	3.31
SD	0.87	0.84	1.18	0.83	0.96	0.84	0.96	0.83	1.01	0.88	0.93	0.77	0.78	1.39	0.62
a	.87	.89	.90	.91	.93	.93	.84	.51	.88	.78	.79	.54	.71	.82	.77

*** $p<.001$.　* $p<.05$

■ 資質的レジリエンスが学校不適応感に与える影響

　二次元レジリエンス要因の資質的レジリエンス及び獲得的レジリエンスが学校不適応感に影響を与えていると想定して，探索的に共分散構造分析による検討を行った。分析には，欠損値のない812名分のデータを用いた。まず，資質的レジリエンスが〈社会的コンピテンスの不足〉段階（「コミュニケーションスキルの不足」・「対人問題解決スキルの不足」）と〈被受容感の乏しさ〉段階（「友人関係の不安」・「承認欲求の高さ」）を媒介して，〈不適応徴候〉段階（「不適応徴候（情緒面）」・「不適応徴候（行動・身体面）」）に影響を与えているとのモデルを探索的に検証するために，構造方程式モデリングによるパス解析を行った（図5-2）。その結果，適合度指標はGFI = .952，AGFI = .911，CFI = .927，RMSEA = .085であり，適合度指標は許容範囲であった。構造方程式モデリングのパス解析より，資質的レジリエンスは社会的コンピテンスの不足及び被受容感の乏しさを媒介して不適応徴候に負の影響を与えていた。

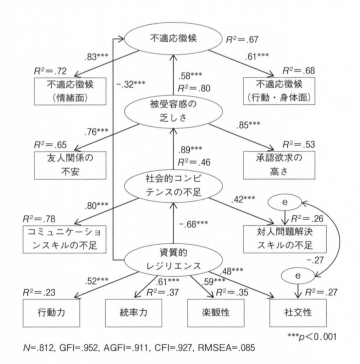

N=.812, GFI=.952, AGFI=.911, CFI=.927, RMSEA=.085

図5-2　資源的レジリエンスが学校不適応感に与える影響

同時に資質的レジリエンスは直接的にも不適応徴候に負の影響を与えていることが示された。一方，獲得的レジリエンスにおいても同様に〈社会的コンピテンスの不足〉段階（「コミュニケーションスキルの不足」・「対人問題解決スキルの不足」）と〈被受容感の乏しさ〉段階（「友人関係の不安」・「承認欲求の高さ」）を媒介して，〈不適応徴候〉段階（「不適応徴候（情緒面）」・「不適応徴候（行動・身体面）」）に影響を与えているとのモデルを探索的に検証するために，構造方程式モデリングによるパス解析を行ったが，十分な適合度が得られなかった（GFI = 941，AGFI = .889，CFI = .889，RMSEA = .109）。

4　考　　察

　まず，学校不適応感尺度と二次元レジリエンス要因尺度との相関関係を調べたところ，二次元レジリエンス要因尺度の資質的レジリエンスと獲得的レジリエンスともに，学校不適応感尺度の下位因子と有意な負の相関関係が見られた。資質的レジリエンスと獲得的レジリエンスは心理的適応感との間に正の相関が見られることが示されていた（平野，2012）が，学校不適応感についても有意な負の相関が示された。学校不適応感尺度は，〈不適応徴候〉段階（情緒面，行動・身体面），〈被受容感の乏しさ〉段階（友人関係の不安・承認欲求の高さ），〈社会的コンピテンスの不足〉段階（コミュニケーションスキルの不足・対人問題解決スキルの不足）からなるが，学校不適応感尺度のすべての下位尺度と資質的レジリエンス，獲得的レジリエンスとの間に弱〜中低度の有意な負の相関が見られたこととなる。

　また，構造方程式モデリングのパス解析において，資質的レジリエンスは社会的コンピテンスの不足及び被受容感の乏しさを低減することで不適応徴候を抑制していると同時に，資質的レジリエンスが直接的にも不適応徴候を抑制していることも示された。

　今回，資質的レジリエンスが学校不適応感に直接的に負のパスが見られた背景としては，資質的レジリエンスが TCI の生得的な側面が強い「気質」と関連している（平野，2010）ことが影響しているのではないだろうか。資質的レジリエンスの楽観性，統御力，社交性は，TCI の「損害回避」から負の影響が示されているとされている（平野 2010）。また，「損害回避」は抑うつに関連する特性（Cloninger et al., 1993; Grucza et al., 2003）であることや，うつ病の重要な予測因子（Andriola et al., 2011）であることが報告されている。同様に「損害回避」得点の高い人は，痛み等の不快

事象を強く感じる傾向にあること（Pud et al., 2004; Ziv et al., 2010）や，次に来る刺激が予期できない時に不快なイベントがくると仮定し，過大に反応するとの報告もある（牧田ら，2016）。そのため，不安障害の患者は「損害回避」得点が高い傾向があると指摘されている（Cloninger et al., 2006; Starcevic et al., 1996）。また，本研究でも資質的レジリエンスが不適応徴候に直接的に負のパスも見られたが，資質的レジリエンスが高い人は「損害回避」傾向が低いため，予期せぬ状況下でも抑うつや不安が喚起されることが少なく，その結果直接的に不適応徴候を低下することにつながっている可能性も考えられる。

　また，本研究結果より資質的レジリエンスは社会的コンピテンスの不足と被受容感の乏しさを低減させることで，不適応徴候が抑制されるなど学校不適応感のプロセスと関連していることが示された。先ほどより述べているように資質的レジリエンス（楽観性，統御力，社交性）の高い人は「損害回避」が低い傾向にある点が，学校不適応感プロセスにおいても影響を与えている可能性があるのではないだろうか。孫（2011）は，「損害回避」が高い個人は，悲観的で内気であり，疲れやすいので，周りに存在する資源に対しても回避的で，意欲的にアプローチしようとせず，その結果社会文化的不適応状態となり，最終的に心理的適応に負の影響を与えていると指摘している。また，友人関係と「損害回避」との関連についても検討しており，損害回避の高い特徴を示す中学生は，ネガティブなライフイベントのなかでもとくに友人関係における問題での嫌悪感と関連を持ち，これらが抑うつに対してより影響力を高めることにつながっていると指摘している（田中，2006）。そのため，逆に資質的レジリエンスが高い人は，損害回避傾向が低く，楽観的，統御性，社交性の特性を活かし社会的コンピテンスを伸ばす機会も多く，その結果友人との関係をはじめとして周りと良好な関係にあり，困難な状況下でも自分から周りに存在する資源に積極的にアクセスすることができるため，不適応徴候に至らない傾向にあることが推察される。

　また，資質的レジリエンスのひとつである行動力はTCIの気質特徴のひとつである持続（「固執」）との関連が示されている（平野，2010）。「固執」とは，一生懸命さ，忍耐の強度を示すもので，忍耐強くひとつの行動を行うというような，行動の固着に関する遺伝的な傾向性である（Cloninger et al., 1993）。なお「固執」は，資源管理，自己効力感，社会的文化的適応を媒介して心理的適応に正の影響を与えていることが報告されている（孫，2011）。すなわち，「固執」の高い人は，物事に熱心に取り組み，野心的で完全主義という傾向を持つため，目的を遂げるのに有利な資源

に関心が高く，資源の開発，利用，調達などに意識的に努力することが自己効力感を高め，社会文化的適応や心理的適応を促している（孫，2011）と考えられる。このように，資質的レジリエンスの行動力が高い人は，もともと気質的に固執の側面を強く持ち，困難な状況下においても自分の持っている社会的資源を活用し，忍耐強く乗り越えていくことで自己効力感が高まり，学校不適応感を抑制することにつながっているのではないだろうか。今後さらに縦断的研究を行うことで，詳細なプロセスについて検討を行っていく必要がある。

　一方，獲得的レジリエンスは学校不適応感尺度の〈社会的コンピテンスの不足〉段階と〈被受容感の乏しさ〉段階を媒介して〈不適応徴候〉段階に影響を与えるモデルにおいて十分な適合度が得られなかった。平野（2012）は，資質的レジリエンス要因には傷つきやすさから心理的適応への負の効果を緩和させる効果が示されたが，獲得的レジリエンスにおいてはその緩衝効果が見られず，敏感さというリスクを後天的に補うことの難しさを指摘している。本研究においても，獲得的レジリエンスの他者心理の理解と問題解決志向は，友人関係の不安との間に有意な相関がみられなかった。また，友人関係の不安は獲得的レジリエンスからは有意な正のパスがみられた。このような背景としては，獲得的レジリエンスの問題解決志向がTCIの性格に関わる「自己超越性」から正の影響を受けていた（平野，2010）ことが関連している可能性がある。自己超越は「統一的全体の本質的，必然的部分として考えられるすべてのものを確認すること」と定義されており，統一意識の状態を含み，自己と他者の区別が重要でないとされている（木島ら，1996）。孫（2011）はTCIの性格特徴である「自己超越」と心理的適応との間では有意な負の相関がみられると同時に，「自己超越」が心理的適応に直接的に負の影響を与えていたことを示している。このように，自己と他者とを一体的に捉えることや他者の心理を考える側面は，友人と良好な関係を構築できる力となる可能性がある一方で，敏感さを持つ人の場合，あまりにも他者の心理を考えすぎることで，逆に友人関係に関する不安が増幅して身動きがとれなくなり，学校不適応感を持つケースもあり，影響関係が相殺された可能性も考えられないだろうか。今後，縦断的研究及び質的研究も踏まえた詳細な検討が望まれる。

■　ま と め
　学校不適応感を抑制する保護要因としてレジリエンスに焦点を当て，レジリエンスが学校不適応感に与える影響過程について検討することを目的に調査を行った結

果，資質的レジリエンスは学校不適応感を低減することが示唆された。このことから資質的レジリエンスは，学校不適応感を抑制する保護要因である可能性が示唆された。

第3節　本章のまとめ

　本章では，学校不適応感尺度がロールフルネスやレジリエンスにどのように関連しているかについて検討することで，学校不適応感を抑制する保護要因について検討を行った。まず，学校不適応感を抑制する保護要因としてロールフルネス（日常生活で感じる持続的な役割満足感）に焦点を当て，高校3年間の縦断的調査による学校不適応感とロールフルネスとの影響過程について検証した。交差遅延効果モデルを用いた共分散構造分析を実施した結果，高校1年次の社会的コンピテンスの不足が高校2年次の社会的ロールフルネスを媒介して，高校3年次の被受容感の乏しさと不適応徴候に正の影響を与えていた。さらに，高校1年次の被受容感の乏しさが高校2年次の不適応徴候を媒介して，高校3年次の社会的ロールフルネスと内的ロールフルネスに負の影響を与えていることも示された。このことから，学校不適応感とロールフルネスは，相互に影響し合っている可能性が示唆された。

　次に，学校不適応感を抑制する保護要因としてレジリエンスにも焦点を当て，レジリエンスが学校不適応感に与える影響過程について検討することを目的に調査を行った。その結果，資質的レジリエンスと獲得的レジリエンスは学校不適応感と有意な負の相関関係がみられた。また，とくに資質的レジリエンスにおいては構造方程式モデリングによるパス解析を行った結果，資質的レジリエンスが学校不適応感のプロセスに負の影響を与えている可能性が示された。

　本章で用いた学校不適応感尺度は第4章で開発された学校不適応感のリスクに焦点を当てた学校不適応感プロセスを想定した尺度である。そのため，ロールフルネスや資質的レジリエンスは，学校不適応感のリスクを軽減させることができる保護要因である可能性が示された結果となった。

終　章

学校不適応感を
プロセスから捉えた支援方法とは

第 1 節　リスク要因と保護要因から捉えた学校不適応感プロセス

　これまで学校不適応の概念の捉えられ方は多岐に渡り，また学校不適応と学校不適応状態など多くの類似の概念との関係性について論じられてくることは少なかった。そのため，本書においては第1章にてまず学校不適応に付随する概念を整理するとともに，その関係性について検討を行ってきた。その際に参照したのが，学校適応のプロセスに関する研究であった。現在，学校適応については，包括的な概念として捉えると同時に階層概念的枠組みを用いて，その構造について明らかにすることの重要性が指摘されている（Ladd, 1989; 大対ら，2007; Perry & Weinstein, 1998）。一方不適応に関しては，一般に欲求の充足阻止からどんな徴候が現れるかの過程を調べることの意義（戸川，1956）が述べられていたが，不適応における過程についての尺度を作成するなどの量的研究は，ほとんどなされてこなかった。また，子どもが反応するのは主観的な現実であることが多く（Richman et al., 2004），子どもが主観的に環境をどう捉えているかという点が適応や不適応においても重要である（北村，1965）ことから，児童生徒から捉えた学校不適応感のプロセスに着目することにした。そこで，本研究では学校不適応感を「児童・生徒が学校環境の求める要請に対処できず，学校環境と効果的な関係が維持できずに困難やストレスな状態に至っている一連の過程で生じる主観的な感覚」と定義づけた。そのうえで，本書で扱う学校不適応感は，リスク要因から不適応状態（不登校傾向等）も含めた一連のプロセスに焦点を当てることとした。

　本節では本書で得られた研究の知見を整理したうえでリスク要因と保護要因の視

点より，学校不適応感のプロセスについて検討を行うこととする。

1 リスク要因から捉えた学校不適応感プロセス

■ 不登校傾向からみた不適応状態の種類と社会的コンピテンスとの関連

　第2章では，学校不適応状態のひとつである不登校傾向に焦点を当て，社会的コンピテンスとの関連について探ることで学校不適応感のリスク要因について検討した。なお，不登校傾向とは不登校の前駆的状態として登校しつつも登校回避願望がある状態と定義されており，不適応状態のひとつと位置付けられている（五十嵐・萩原，2004）。本書では，とくに学校不適応感のリスク要因のひとつと考えられる社会的コンピテンスの不足に焦点を当てた。そのうえで，学校不適応状態のひとつである不登校傾向と社会的コンピテンスとの関連について，第1節では質問紙法を用いて，第2節では投影描画法（S-HTP）を用いて検討を行った。

　第1節では，不登校傾向の種類により，リスク要因のひとつと考えられる社会的コンピテンスの不足との関連に相違が見られるかについて検討し，悩み事や相談者の有無についても調査を行った。その結果，社会的コンピテンスは，内在化問題を基底とした不登校傾向（別室登校を希望する不登校傾向，精神・身体症状を伴う不登校傾向）とは有意な負の相関関係が見られたが，外在化問題を基底とした不登校傾向（遊び・非行に関連する不登校傾向）とは有意な相関関係は見られなかった。とくに精神・身体症状を伴う不登校傾向生徒は，社会的コンピテンスも低く，悩み事があると感じながらも，相談する人がいない状態であることが明らかになった。これらの生徒には，社会的コンピテンスを促進する介入を行うとともに，相談に乗る体制を早急に整えていく必要性が示唆された。また，学校不適応状態のひとつである内在化を基底とした不登校傾向は社会的コンピテンスの不足と関連しており，社会的コンピテンスの不足が学校不適応感のリスク要因であるという可能性が考えられた。

　第2節では，投影描画法の観点より学校不適応状態のひとつである不登校傾向尺度とリスク要因である社会的コンピテンスの不足について検討することで，学校不適応感のプロセスの一助となる視点を探った。分析の結果，木の描画面積は，別室登校を希望する不登校傾向と有意な負の相関関係が見られるとともに，社会的コンピテンスとは有意な正の相関関係が示された。これらの結果から，木を小さく描く生徒は社会的コンピテンスが低く，別室登校傾向が高い状態であることが推察された。すなわち，投影描画法においても，社会的コンピテンスの低さと別室登校を希

望する不登校傾向とは関連があることが推察され，学校不適応感のプロセスにおいて社会的コンピテンスの不足がリスク要因として関与している可能性が考えられた。

　以上のように第2章では，実際に学校を休む等の不登校にまでは達していないが，学校に行きたくないという思いを抱え学校不適応状態にある不登校傾向と社会的コンピテンスについて調査し，質問紙及び投影法においてもとくに内在化を基底とする不登校傾向は，社会的コンピテンスと負の関連があることが示された。そのため，社会的コンピテンスの不足が学校不適応感のリスク要因である可能性が示唆された。

　従来より不適応問題は，外在化問題と内在化問題に分類されており（Hymel et al., 1990; Wångby et al., 1999），これらの問題の種類と社会的コンピテンスとの関連については質問紙法等で多く検討されてきた（Nangle et al., 2003; Burt et al., 2008; Wang, 2009）。しかしながら，質問紙法と投影描画法の両方を用いることで，学校不適応状態の種類と社会的コンピテンスとの関連について検討をした研究はほとんどみられなかった。そこで本節では，本書で得られた両技法の調査結果の知見をもとに不適応状態のひとつである不登校傾向の種類と社会的コンピテンスとの関連について検討を行う。

　まず，別室登校を希望する不登校傾向が高い生徒は，質問紙調査より社会的コンピテンスも低く，悩み事が有ることが多い傾向にあり，S-HTPにおいても木の描画面積が有意に小さいとの特徴がみられた。とくに，別室登校を希望する生徒は木を小さく描いていることから，精神的エネルギーが低下し自己否定感と孤独感に苛まれている状態である（Mizuta et al., 2002; 高橋・橋本，2009）可能性が示唆される。また同時に社会的コンピテンスの低さも木の描画面積の小ささと関連していたため，社会的コンピテンスの低さも自己否定感等の心理的な苦痛と関連していることが推察された。なお，精神・身体症状を伴う不登校傾向生徒は，質問紙調査において社会的コンピテンスも低く，悩み事があると感じながらも，相談する人がいない状態であることが示されたが，S-HTPの調査ではS-HTPの描画面積との有意な相関が見られなかった。これらの結果より，別室登校を希望する不登校傾向生徒の方が，精神・身体症状を伴う不登校傾向生徒よりエネルギー水準が低下しており，自己否定的な思いを抱えている可能性も考えられる。一方で，質問紙調査からは，精神・身体症状を伴う不登校傾向が高い生徒は，相談する人がいない生徒が有意に多かった。そのため，精神・身体症状を伴う不登校傾向生徒は，社会的コンピテンスの低さから悩み事があっても相談できずに一人で抱え込む傾向があることが考えられる。このように内在化を基底とする不登校傾向生徒のなかでも，別室登校を

希望する不登校生徒はよりエネルギーの低下が見られ，自己否定的な思いを抱いており，登校したくないのに登校している状態であるのに対して，精神・身体症状を伴う不登校傾向の生徒は，何らかの悩み事が根っこにあり，それを解決したくてもできない状態で誰にも相談できず，身体化や精神症状につながっているのではないだろうか。このように前面に出てくる学校不適応の状態によりその背景にある思いや過程が異なる可能性が考えられるため，一人ひとりの丁寧なアセスメントが重要である。しかしながら，内在化を基底とする不登校傾向（別室登校を希望する不登校傾向・精神症状を伴う不登校傾向）は，一様に社会的コンピテンス不足との関連が認められ，社会的コンピテンスの不足がリスク要因となることが本研究より明らかとなった。

　一方，遊び・非行に関連する不登校傾向は，質問紙調査においては社会的コンピテンスや悩み事の有無，相談者の有無共に有意な関連が見られなかったが，S-HTPでは人の描画面積が有意に小さい傾向が見られた。人の描画面積の小ささは抑うつ症状と自尊感情の低さ及び人への不信感との関連（Buck, 1948; Gordon et al., 1980; Hammer, 1958; Koppitz, 1968; Lewinsohn, 1964; Machover, 1949; 三上，1995）が報告されており，非行傾向の生徒の特徴とも一致している（Puig-Antich, 1982; 鈴木，2010; Wångby et al., 1999）。このように，質問紙調査では有意な結果が出なかった背景には第2章でも述べた通り，大人への不信感から質問紙へ積極的に取り組まない傾向（鈴木，2010）や悩みを悩みとして抱えられない特徴（生島，1999）が影響している可能性がある。また，学校環境に左右されている側面も考えられ，たとえばいわゆる「荒れている」学校の生徒は反社会的行動を肯定的に評価している（加藤・大久保，2001）点がいわゆる適応の失敗である不適応状態につながらない（大久保・青柳，2003）結果となったことも考えられる。

　以上のように非行傾向生徒には，質問紙調査の限界点や学校環境の影響等も考え，今後アセスメント方法を工夫していく必要がある。また，非行傾向生徒は社会的コンピテンスをある程度有している（磯部ら，2004）との指摘もなされてきており，内在化を基底とする不登校傾向とは異なるリスク要因が関与している可能性もあるので，今後さらなる検討が必要である。

■ 本研究で明らかとなった学校不適応感のプロセス

　本書では学校不適応感を「児童・生徒が学校環境の求める要請に対処できず，学校環境と効果的な関係が維持できずに困難やストレスな状態に至っている一連の過

程で生じる主観的な感覚」と定義づけ，学校不適応感をリスク要因から不適応状態も含めたプロセスに焦点を当てて検討を行ってきた。そこで，学校不適応感のプロセスについて，本書の第3章と第4章で得られた知見をまとめると以下のようになる。

　第3章では，予防的観点から捉えた際に学校不適応感をプロセスとして検討することが必要であり，不登校傾向の前段階を把握することを目指した不適応徴候尺度を開発し，実際に不適応徴候尺度が不登校傾向の前段階に位置する尺度であるかどうかについても統計的手法を用いて検討を行った。

　第1節では，不登校傾向の前段階の諸相を明らかにするために学校場面における不適応徴候に焦点を当て，不適応徴候尺度を作成し，その信頼性・妥当性を検討した。分析の結果，信頼性係数は統計学上の基準を満たしており，妥当性についても検証的因子分析の結果は構成概念妥当性が許容範囲内であり，基準関連妥当性が備わっていることを確認した。また，不適応徴候尺度について教師評定で指名された生徒（指名群）と，それ以外の生徒（対照群）との間に差があるかについて検証した。その結果，教師に指名された指名群の方が，対照群より有意に本尺度の値が高いことが示唆され，本尺度の内容的妥当性についても確認された。

　第2節では，不適応徴候と不登校傾向及び登校状況（欠席・遅刻・早退日数の多さ）との関連について調査することを目的とした。分析の結果，不適応徴候は，不登校傾向及び欠席・遅刻・早退日数の多さと有意な正の相関が見られた。また，不適応徴候が不登校傾向を媒介して，欠席・遅刻・早退日数の多さに有意な正の影響を与えていることが明らかとなった。これらの結果より，不適応徴候得点が高い生徒は，不登校傾向の前駆的状態を経て欠席等が多くなる等不登校の初期段階に移行する可能性も示唆された。

　以上のように，第3章では，不登校傾向の前段階にある信頼性・妥当性が確認された不適応徴候尺度を作成し，実際に不適応徴候尺度が学校不適応状態のひとつである不登校傾向尺度を媒介して欠席日数等に影響を与えていることが示された。そのため，本研究では，欠席日数等が増加するまでの前段階の学校不適応感のプロセスについて明らかにすることができたと考えられる。不登校や中退を予防するためにも教諭やスクールカウンセラーが不適応徴候得点の高い生徒に丁寧な関わりを行うことの重要性が推察された。

　第4章では，第2章で不適応状態（不登校傾向）のリスク要因のひとつであることが示された社会的コンピテンスの不足と，第3章で作成された不適応徴候の知見

を基に，学校不適応感にいたるリスク要因に着目した高校生版学校不適応感尺度の
開発を行い，そのプロセスについて検討を行った。

　第1節では，リスク要因に着目した学校不適応感尺度を開発し，信頼性と妥当性
について検討した。探索的因子分析の結果，〈不適応徴候〉，〈被受容感の乏しさ〉，
〈社会的コンピテンスの不足〉の3水準ごとに下位因子が抽出された。本尺度は，
青年期適応感尺度（大久保，2005）と負の相関が見られ，基準関連妥当性が備わって
いることが確認された。また，教師評定で指名された生徒（指名群）の方が，それ
以外の生徒（対照群）より，学校不適応感尺度の値が有意に高く，内容的妥当性に
ついても確認された。同時に学校不適応感のプロセスとして，〈社会的コンピテン
スの不足〉段階から〈被受容感の乏しさ〉の段階を媒介して，最終的に〈不適応徴
候〉段階に影響を与えていることが明らかになった。すなわち，学校不適応感のプ
ロセスとしては，社会的コンピテンスの不足が，友人をはじめとした学校生活のな
かで受け入れられていない状態につながり，最終的に不適応徴候に至る過程が示さ
れた。

　第2節では，小学生版学校不適応感尺度及びスクールカウンセラーへの関心尺度
を開発した。また，学校不適応感がスクールカウンセラーへの関心に与える影響過
程及び各尺度の学年差について検討を行った。まず，予備調査をもとに質問紙調査
を作成し，本調査では小学3年生～6年生を対象に質問紙調査を実施した。因子分
析の結果，学校不適応感尺度では〈不適応要因〉〈不適応徴候〉の2水準において計
4因子が，スクールカウンセラーへの関心尺度については1因子が抽出された。次
に，各尺度の影響過程としては，不適応要因が不適応徴候を媒介してスクールカウ
ンセラーへの関心に影響を与えていることが明らかとなった。小学生の学校不適応
感のプロセス下においては，リスク要因としては友人関係の不安や自信のなさが不
適応徴候に影響を与えていることが明らかとなった。同時に小学生では，不適応要
因が不適応徴候を媒介して，スクールカウンセラーへの関心に正の影響を与えてお
り，学校不適応感が高まっている生徒はスクールカウンセラーと話をしてみたいと
いう思いを抱えていることが示された。さらに，横断的調査と縦断的調査を用いて
学校不適応感尺度とスクールカウンセラーへの関心尺度の学年差について検討を行
った。その結果，スクールカウンセラーへの関心と不適応要因（友人関係問題）及び
不適応徴候（情緒面）が小学5年生から6年生間で有意に低下していたことが示さ
れた。

　第4章では，リスク要因に着目した学校不適応感尺度開発を高校生版と小学生版

を作成し，両尺度とも妥当性と信頼性を確認することができた。なお，学校不適応感のリスク要因としては，高校生では社会的コンピテンスの不足と被受容感の乏しさが関連しており，小学生では友人関係の不安や自信のなさが不適応徴候に影響を与えているとのプロセスも明らかとなった。同時に小学生では，不適応要因が不適応徴候を媒介して，スクールカウンセラーへの関心に正の影響を与えており，学校不適応感が高まっている生徒はスクールカウンセラーと話をしてみたいという思いを抱えていることを念頭に，スクールカウンセラーからも自然な関わりを増やしていく機会を設ける等の必要性が示された。

　以上より，第3章では不適応徴候と不適応状態のひとつである不登校傾向及び不適応行動のひとつである欠席日数との関連を調査し，不適応徴候が不登校傾向を媒介して欠席日数に影響を与えていることが示された。第4章では，学校不適応感のリスク要因を調べ，社会的コンピテンスが被受容感の乏しさを媒介して不適応徴候に影響を与えていた。これらの知見を総合すると，とくに高校生においては，社会的コンピテンスの不足が，被受容感の乏しさにつながり，その結果不適応徴候を表し，学校に行ってはいるが本当は行きたくないという不適応状態のひとつである不登校傾向を示し，最終的に欠席日数等が増加していくという学校不適応感の一連のプロセスのひとつを解明できた可能性が考えられる。

　これまで先行研究において，学校適応における行動的機能（Ladd, 1989; 大対ら，2007; Perry & Weinstein, 1998）及び社会的機能（大対ら，2007; Perry & Weinstein, 1998）の重要性が指摘されていた。また，大対ら（2007）は行動機能（コンピテンス）が，社会的機能（周りに受け入れられているか等）等につながり，結果的にこれらが学校適応に影響するといった3水準の階層構造上の関係にあるのではないかと仮説を立てていたが，本研究では不適応の観点より支持する結果となった。本書では，とくに行動機能のなかでも社会的コンピテンスに焦点を絞り，社会的機能も友人との関係を中心に検討を行ってきた。これまで社会的コンピテンスと不適応問題との関連については数多く指摘されてきた（Burt et al., 2008; Eisenberg & Fabes, 1992; Hoglund & Leadbeater, 2004; Hymel et al., 1990）。そのなかで，本研究では社会的コンピテンスの不足が直接的に欠席数の増加などの不適応行動につながるのではなく，その前段階として周りの級友に受け入れてもらうことや，周りから承認されること，そして身体や精神・行動面でのサインを出していること等いくつかの段階を経ている可能性が量的研究より示された。

　これらのプロセスを経ていることが明らかになった意義としては，早い段階で働

きかけることで学校不適応問題を防げる可能性が広がった点が挙げられる。これまで1つだけではなく2つ以上のリスク要因があることで行動上の問題が生じる確率が倍増することが報告される（Fergusson & Lynskey, 1996）等，リスク要因の数が増加するほど，その累積が子どもに与える影響の大きさが強まることも指摘されていた（Dishion et al., 1999; Greenberg et al., 2001）。それゆえに，問題の重度化に直接的に影響を与える内因的なリスクのプロセスに関して理解することの重要性が指摘されていた（Ingram & Price, 2010）。このような概念的に明確なリスク要因同士のつながりについて明らかにし，それらを断ち切り，保護要因につなげる早期介入を行うことの重要性についても述べられていた（Huang et al., 2001）。本書では，学校不適応感におけるプロセスの一部を示すことができたと考えられ，これらは学校場面での実践につながる一助となるのではないだろうか。なお，保護要因の結果も含めた学校臨床場面での実践可能性については後ほど述べるが，リスク要因のプロセスからのみ述べられることとしては，端的に以下のことが挙げられる。

　社会的コンピテンスが不足している生徒に社会的スキルトレーニング等を実施していくことの有効性が示されている（佐藤ら，2009等）が，たとえそのような取り組みが時間的にも構造的にも難しい場合においても，級友や教師が社会的コンピテンスの不足している生徒を受け入れる体制を整えていくこと及び本研究の尺度で示されている不適応徴候に気づき早期の段階で対応していくことで，欠席数の増加を減らしていくことができる可能性が本研究結果より示唆された。

2 学校不適応感プロセスを抑制する保護要因とは

■ 本研究で明らかとなった学校不適応感の保護要因

　学校不適応感の保護要因について，第5章で得られた知見をまとめると以下のようになる。

　第5章では，学校不適応感尺度がロールフルネスやレジリエンスとどのように関連しているかについて検討することで，学校不適応感を抑制する保護要因について検討を行った。

　第1節では，学校不適応感を抑制する保護要因としてロールフルネス（日常生活で感じる持続的な役割満足感）に焦点を当て，高校3年間の縦断的調査による学校不適応感とロールフルネスとの影響過程について検証した。交差遅延効果モデルを用いた共分散構造分析を実施した結果，高校1年次の社会的コンピテンスの不足が高

校2年次の社会的ロールフルネスを媒介して，高校3年次の被受容感の乏しさと不適応徴候に正の影響を与えていた。また高校1年次の内的ロールフルネスが高校2年次の社会的ロールフルネスを媒介して，高校3年次の被受容感の乏しさと不適応徴候に負の影響を与えていた。さらに，高校1年次の被受容感の乏しさが高校2年次の不適応徴候を媒介して，高校3年次の社会的ロールフルネスと内的ロールフルネスに負の影響を与えていることも示された。以上から学校不適応感とロールフルネスは，相互に影響し合っている可能性が示唆された。

　第2節では，学校不適応感を抑制する保護要因としてレジリエンスにも焦点を当て，レジリエンスが学校不適応感に与える影響過程について検討することを目的に調査を行った。その結果，資質的レジリエンスと獲得的レジリエンスともに学校不適応感と有意な負の相関関係が見られた。また，資質的レジリエンスが学校不適応感に影響を及ぼすとのモデルを設定し，構造方程式モデリングによるパス解析を行った。その結果，適合度指標は統計学的な許容水準を満たしており，モデルの妥当性が確認された。資質的レジリエンスが学校不適応感のプロセスに負の影響を与えていることが示唆された。一方，獲得的レジリエンスについて同様のパス解析を実施したが，十分な適合度が得られなかった。

　第5章では，学校不適応感を抑制する保護要因として，ロールフルネスとレジリエンスに焦点を当て検討を行った。その結果，3年間の縦断研究において高校生のロールフルネスが学校不適応感に影響を与えていることが示され，ロールフルネスが学校不適応感の保護要因であることが示された。またレジリエンスにおいても，横断研究にて資質的レジリエンスが学校不適応感に影響を与えており，資質的レジリエンスが学校不適応感を抑制する保護要因である可能性が示唆された。本研究で用いた学校不適応感尺度は第4章で開発された学校不適応感のリスクに焦点を当てた学校不適応感のプロセスを想定した尺度であり，ロールフルネスや資質的レジリエンスが学校不適応感のリスクを軽減させることが推察できる結果となった。

　これまで保護要因は，個々の脆弱性または環境上の危機に対する影響を緩和し，保護要因が機能していない場合よりも適応がよりポジティブになるような役割を担うとされていた（Masten et al., 1990）。Rutter（1987）は保護要因のメカニズムとして，①リスクを軽減すること，②ネガティブな連鎖反応を軽減すること，③自己覚知，とりわけ自尊心と自己効力感の発達，④機会を広げることの4つを挙げている。本研究の調査結果を見てみると，ロールフルネスにおいては，1年次の内的ロールフルネスが2年次の社会的ロールフルネスを媒介して3年次の被受容感の乏しさと

不適応徴候に有意な負の影響を与えており，上記の「①リスクを軽減する」に該当する結果であったと考えらえる。また，同時に２年次の社会的ロールフルネスが１年次の社会的コンピテンスの不足と３年次の被受容感の乏しさ及び不適応徴候の媒介変数となっていたことから，上記の保護要因メカニズム（Rutter, 1987）の「②ネガティブな連鎖反応を軽減する」の役割も果たしている可能性が考えられる。同時に社会的ロールフルネスと内的ロールフルネスは，自尊感情と正の相関があることが示されており（Kato & Suzuki, 2018），「③自尊心の発達」についても関与している可能性が考えられる。「④機会を広げること」についても，ロールフルネスは役割を通して活動範囲を広げている可能性が考えられるため，該当している部分もあるのではないだろうか。一方，資質的レジリエンスにおいては，社会的コンピテンスの不足，被受容感の乏しさを媒介して，不適応徴候に有意な負の影響を与えていた。このことから保護要因のメカニズム（Rutter, 1987）の「①リスクを軽減する」役割を果たしている可能性が考えられる。今後レジリエンスについても縦断研究を行うことでさらなる検討を行う必要がある。

　以上のように本研究の結果と保護要因のメカニズム（Rutter, 1987）を照らし合わせると，ロールフルネス及び資質的レジリエンスについては，学校不適応感の保護要因となっていることが推察された。

■ ロールフルネスとレジリエンスが学校不適応を抑制するプロセス

　ロールフルネスとレジリエンスが学校不適応感を抑制するプロセスについて，先行研究の知見と照らし合わせたうえで，検討を行うこととする。

　まず，これまで保護要因としては規範的な役割における対処能力が挙げられていた（Fraser et al., 2004）。本書では内的ロールフルネスが社会的ロールフルネスを媒介して，被受容感の乏しさと不適応徴候に影響を与えていることを明らかにした。すなわち，これまで役割を通して自分らしさを感じることができていた生徒は，その後もクラスなどで役割を見出すことができ，結果的に不適応徴候等を低減することができたと考えられる。Kato & Suzuki（2018）は，ロールフルネスが自尊感情とアイデンティティに正の相関があることを報告していたが，自尊感情はネガティブな環境下で回復を促す保護要因であることも指摘されていた（Masten et al., 1990）。また，自尊感情は困難に立ち向かう力となり，成功と失敗から学ぶことができるようになるという側面も指摘されている（Brooks, 1994）。そのため，自尊感情が高い生徒は，役割活動において思うようにいかないことや，困難なことがあったときにも立ち向

かい，成功しても失敗してもそこから何かを学びとる経験とできているのではないだろうか。換言すると，自尊感情が低い生徒は役割活動を成し遂げた経験が少なく，ロールフルネスが低く，学校不適応感につながっている可能性も考えられる。ロールフルネスが低い生徒の背景には自尊感情の低さや社会的コンピテンスの低さが背景にある場合も考えられるため，教師やスクールカウンセラー等の周りの大人が役割活動を通して生じた問題について，どのように対処したらよいか一緒に考えると共に，本人が役割活動を最後まで遂行できるように励まし，できたところについては積極的に肯定的なフィードバックを行っていくことも重要になると考えられる。

　2つ目に，これまで保護要因として扱いやすい気質が挙げられてきていた（Cowen et al., 1990; Moffitt & Caspi, 2001; O'Keefe, 1994; Werner, 1992）。扱いやすい気質とは，陽気であり，楽しげな雰囲気，前向きな態度として定義されている（Rothbart & Ahadi, 1994）。本研究で使用した資質的レジリエンス尺度も持って生まれた気質との関連が強い（平野，2010）とされており，その下位尺度も楽観性，開放性等，上述した扱いやすい気質に類するものとなっている。このような子どものポジティブな気質が，大人からの思いやりやサポートを引き出すなど大人からの社会的サポートにつながり，長期的な適応に影響を与えている可能性が報告されていた（Werner, 1992）が，本研究では学校不適応感の観点からこれを支持する結果となった。すなわち，本研究結果では資質的レジリエンスが高い生徒は，ポジティブな気質を持つことで周りからのサポートを受けることが増え，社会的コンピテンスの発達も促され，周りに受け入れられることが多くなり，結果的に不適応徴候が少ない等のプロセスを経ている可能性が考えられる。

　なお本書の研究結果としては，資質的レジリエンスが不適応徴候に間接的に負の影響を与えているだけではなく，直接的にも不適応徴候に負の影響を与えていた。気質は，変化しにくい性質であり生理学的に関連する差異であり，社会的な環境に対する衝動や反応などを緩和する能力であると定義づけられている（Rothbart & Ahadi, 1994）。そのため，ポジティブな気質を持つ資質的レジリエンスの高い生徒は，心理的負荷がかかる状況下でも，環境と個人の欲求との折り合いをつけ，不適応徴候に至ることなく過ごすことにつながるなど不適応徴候に直接的な影響を及ぼしていたとも考えられる。これまで扱いやすい気質が保護要因として作用するプロセスとしては，直接的にストレッサーに対する子どもの知覚と反応に影響を与える側面があること及び間接的に子どもが養育者や友人から良好な反応を引き出すことができることが影響している側面がある点が示唆されていた（Rutter, 1987）。本研究に

おいても扱いやすい気質を有する資質的レジリエンスが，学校不適応感のプロセス
において直接的及び間接的効果を得られていることが示されており，先行研究の知
見を支持するものであった。このように保護要因は主要な要因からの"直接的な影
響"を示すだけではなく，補足的な要因からの"間接的な影響"を示すことがあり，
付加的重複モデル（additive model）となることが示唆されている（Fraser et al., 2004）。
本研究結果においても，ロールフルネスと資質的レジリエンスは，直接的及び間接
的な側面からの影響を与えていることが示唆され，これらの要因をもともと持って
いる生徒は，学校不適応感のリスクを持つ可能性は低いが，もし学校不適応感のプ
ロセス下にあったとしても（たとえば〈被受容感の乏しさ〉段階にあるときでも），ロー
ルフルネスや資質的レジリエンスにより，不適応徴候に至るリスクの連鎖を遮断す
ることにつながるのではないだろうか。

　なお，リスク要因はときに通常発達の結果を促進する保護要因とは正反対の性質
としてみなされる場合もある（Fraser et al., 2004）。そのため，保護要因と逆の性質
を持っている生徒については，リスク要因と同様に注意を要する必要がある。たと
えば，資質的レジリエンスが低い，もともと難しい気質を持つ生徒に関しては，学
校不適応感を持つ可能性も高いと考えられ，教師やスクールカウンセラー等の周り
の大人が思いやりを持ち，サポートをしていくことで，社会的コンピテンスの発達
を促し，周りに受け入れられる体験を積み重ね，学校不適応感のリスクが軽減され
るのではないだろうか。今後，資質的レジリエンスが低い生徒への細やかな配慮と
サポートを行っていくことの重要性が考えられる。

　なお，保護要因に関しても複数有している方が，リスクの高い環境下でも適応す
る可能性が高いことが報告されている（Bradley et al., 1994）。そのため，ロールフル
ネス，自尊感情，レジリエンス等の複数の保護要因がどのように学校適応感に影響
を与えているかについても検討していくことで，保護要因間の相互作用のもたらす
効果についてもより詳細に把握することができると考える。

3 リスク要因と保護要因における相互作用の影響

　本書では学校不適応感のプロセスに焦点を当て保護要因とリスク要因について検
討を行い，以下のプロセスが想定できる可能性が考えられた（図終-1 参照）。

　まず第3章では不適応徴候が不登校傾向を媒介して欠席日数等に影響を与えてい
ることが示され，第4章では社会的コンピテンスが被受容感の乏しさを媒介して不

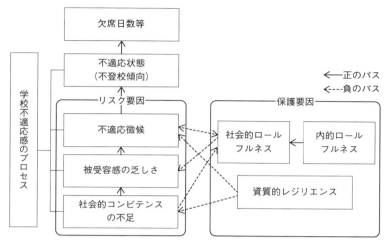

図終-1　本研究結果で得られた想定される学校不適応感プロセスにおけるリスク要因と
保護要因の相互影響関係

適応徴候に影響を与えていた。これらの知見を総合すると，高校生においては社会的コンピテンスの不足が，被受容感の乏しさとにつながり，その結果不適応徴候を表し，学校に行ってはいるが本当は行きたくないという不適応状態のひとつである不登校傾向を示し，最終的に欠席日数等が増加していく学校不適応感の一連のプロセスのひとつを明らかにできた可能性がある。今後，前述した尺度等すべてを用いた縦断的研究を行い，さらに検証を深めていく必要がある。

　同時に第5章では縦断的調査より社会的ロールフルネスは被受容感の乏しさと不適応徴候に負の影響を与えていた。一方，横断的調査より資質的レジリエンスは不適応徴候に直接的に負の影響を示すとともに社会的コンピテンス不足と被受容感の乏しさを媒介して不適応徴候に負の影響を与えていた。これらのことからロールフルネスと資質的レジリエンスが学校不適応感のプロセス上で保護要因となっていることが推察された。今後，レジリエンスについては，縦断的研究を行い，さらなる影響関係について理解を深めていく必要がある。

　一方，保護要因がリスク要因に影響を与えているだけではなく，リスク要因が保護要因に影響を与えていることも本研究より明らかとなった。具体的には，第5章の研究結果では，不適応徴候が社会的ロールフルネスに負の影響を与えており，同時に社会的コンピテンスの不足が社会的ロールフルネスに負の影響を与えているこ

とも示された。そのため，リスク要因と保護要因は一方的な因果関係ではなく，相互作用的な関係であることが考えられるのではないだろうか。現在，リスク要因と保護要因の力動性を説明するために相互作用モデルを用いることがある（Fraser et al., 1999; Pollard et al., 1999）。今後，リスク要因と保護要因の相互作用が見られることも想定して，分析においても工夫をしていく必要がある。

　また，リスク要因と保護要因は短絡的で直線的な因果関係を持っているのではなく，あるリスク要因の潜在的な原因と共変する兆候になる等，互恵的な因果関係であるとの見方もなされてきている（Fraser, 2004）。たとえば，第5章では保護要因のひとつとしてレジリエンスを想定し検討を行ったが，資質的レジリエンスは学校不適応感のプロセスについて負の影響を与えていることが確認できたものの，獲得的レジリエンスについては被受容感の乏しさ段階と不適応徴候段階について負の影響関係が見られなかった。同時に獲得的レジリエンスは友人関係の不安に負の影響を与えると予測していたが，重回帰分析の結果では弱い正の影響を与えていることが明らかとなった。その背景としては，獲得的レジリエンスの他者の心理を理解することができる点は，繊細さとも関連している可能性が考えられるのではないだろうか。また，繊細さは友人関係の不安とも関連していることが考えられるため，繊細さが獲得的レジリエンス（他者心理の理解）と学校不適応感（友人関係の不安）の共変数となっていた可能性も考えられる。今後これらの点については，縦断研究等を用いて詳細に検討する必要がある。

　しかしながら，ある特性が及ぼす影響は良い・悪い，適応・不適応と単純に区別できるものではなく，どちらにでも転びうるものであり，たとえば繊細さにより友人関係上の不安が増し，不適応徴候などが見られる等の状況に陥ったとしても，何らかの契機（友人から心温まる手紙をもらった，一緒に遊びに行った等）でその危機的な状況が解消された際には，友人の心理をより理解することができ，社会的コンピテンスが高まる等強みに転じることもあり得る。今後，質的な研究も行うことで，学校不適応感のプロセスにおけるリスク要因と保護要因の関連についての詳細な様相を明らかにしていく必要がある。

第2節　学校不適応感のプロセスに関する支援方法の検討

　介入と予防プログラムを構築していくためには，特定のリスクにおけるメカニズムを理解することの重要性がこれまで指摘されていた（Fraser et al., 2004; Ingram &

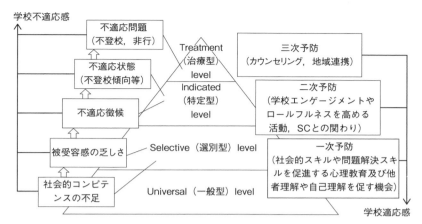

図終-2　本研究結果で得られた想定される学校不適応感プロセスと予防的支援方法

Price, 2010)。そこで本書で明らかになった学校不適応感に関するリスク要因と保護要因のプロセスとこれまで用いられてきた予防的活動の分類方法を参考に，学校不適応感を抑制する予防的介入方法の構築を試みた（図終-2参照）。

　予防に関する分類方法については，第1章で述べたように公衆衛生の観点より，問題となる前に一般の人々に対して介入を行う1次予防や，本格的な病気や障害の前段階や問題が早期の段階で介入を行う2次予防，病気や問題が蔓延し深化するのを抑える支援を行う3次予防に分類されている。これに対して，医学的観点より対象者と疾病のリスクに焦点を当てた分類としては，一般的な人たちすべてを対象としたUniversal（一般型）レベルや精神障害のリスクが平均と比べ高い個人や集団を対象としたSelective（選別型）レベル及び多少精神障害の徴候や症状がみられる個人や現時点では診断基準に当てはまらないが精神障害の生物学的な弁別的特徴のある人を対象とするIndicated（特定型）レベル，もうすでに診断されている人々を対象とするTreatment（治療型）レベルの4段階がある。なお，選別型レベルの予防は1次予防のなかでもハイリスク群に対するアプローチとなり，特定型レベルの予防は2次予防にあたるとされている。

　まず，本研究で検討したリスク要因等がどの対象レベルであるかについて検討すると，社会的コンピテンスの不足や被受容感の乏しさが高い生徒は，学校不適応感のリスクが高いと考えられるので選別型レベルにあると考えられる。また，不適応徴候や不登校傾向が高い生徒は，徴候等が見られるため特定型レベルに当たる。実

際に欠席日数が増え年間 30 日になった不登校生徒に関しては治療型レベルに該当する場合も多いのではないかと考えられる。

　そのうえで，具体的な介入方法としては，一般型レベルにあたるすべての児童生徒を対象に社会的スキルや問題解決スキル等の心理教育を実施することで，社会的コンピテンスの不足によるリスクを軽減することができると考えられる。これまでも社会的コンピテンスの不足と心理的適応との関連については指摘されており（Nangle et al., 2003），実際にこれらのスキルに関する心理教育を実施することでリスクを軽減することができたとの報告も見られる（藤枝・相川，2001; 金山ら，2002; 佐藤ら，2009）。また，第 5 章において資質的レジリエンス及び獲得的レジリエンスともに社会的コンピテンスの不足には有意な負のパスがみられた。そのため，獲得的レジリエンスの下位因子である他者の心理を理解することや自分の心の状態を理解する取り組みを行うことも社会的コンピテンス向上のためには有効であると考えられる。実際に，スクールカウンセラーが心理教育として中学生を対象にブレーンストーミング等を用いた視点取得を向上するためのプログラムを実施した結果，他者理解が自己理解を促進し，結果的に自尊感情が向上していたとの報告もある（鈴木・川瀬，2013b）。そのため，子どもたちの他者理解と自己理解を促せる機会をスクールカウンセラーが教師と連携して実施していくことに意義があると考えられる。

　続いて，選別型レベルの児童生徒については，個別の社会的コンピテンス向上のプログラムを行うとともに，クラス等で受け入れられているという体験が必要であると考えられる。その際に，第 5 章で検討したようにロールフルネスが向上することで，被受容感の乏しさと不適応徴候が軽減されることが示されたので，選別型及び特定型の生徒は役割満足感を得られるような介入方法を検討することが必要となる。たとえば，先行研究において報告されているように課外活動を通してクラス外においても被受容感を高める場所を見つけるようにサポートすることが保護要因となることが指摘されている（Mahoney, 2000）。課外活動等を通して，生徒はポジティブな級友とのネットワークを作り（Mahoney, 2000），それが学校への愛着を育てる（Mahoney & Cairns 1997）ことにつながり，生徒の主体性，高い志，そして高いレベルの社会性を育むことも指摘されている（Mahoney et al., 2003; McNeal 1995）。また，とくに学業成績が低い者や攻撃的な行動が多い生徒において，課外活動は，中退せず卒業できるように促す強い効果を持っていることも示されている（Mahoney & Cairns, 1997）。そのため，社会的コンピテンスが不足しているような児童生徒に，本人にあった部活やクラブ活動等を見つけられるように助言することや，

その後もサポートしていくことは，ロールフルネス向上につながり，学校不適応感のリスクの鎖から離すことになることが考えられる。また，課外活動以外でもクラスで本人が興味を持てる係活動を与えることが，級友との良好な関係を築くひとつの機会となったことが示されている（廣瀬ら，2001）。このようにクラスでの係活動や委員活動を通して，本人が「自分はこのクラスや学校にいて良いんだ」，もしくは「このクラスや学校に必要とされている」という感覚を養うことも，その後の不登校などの不適応問題を抑制することにつながっていくと考えられる。課外活動や何らかの活動に参加することは，人生に対する意味が付与され，社会関係を形成する機会となることが示されてきている（Werner & Smith, 1989）。他にも，学校との絆である学校エンゲージメントを高めるように教師が日常の会話を増やしたり教育相談を行ったり，スクールカウンセラー等が関わりを増やすなどの介入方法も考えられるのではないだろうか。教師と生徒のポジティブな関係は，学業成績（Wentzel et al., 2004），学校への関与（Connell et al., 1995; Wang & Fredricks, 2014），中退率の低下（Barile et al., 2012; Croninger & Lee 2001）といった到達度に影響を与えていることが示されている。とくにハイリスクの生徒に関して，個人的または学問的な問題について教師と話すことは退学防止に大きな影響を与えていることも指摘されている（Croninger & Lee, 2001）。第4章の小学生の結果からは，友人関係の不安や自信のなさという学校不適応のリスク要因を抱えている生徒が不適応徴候を示しているときは，スクールカウンセラーへの関心が高まっている可能性が示された。このようにリスクの高い特定型レベルの児童・生徒は，教師のみではなく，スクールカウンセラーに対しても話をしたいと感じていることが示された。そのため，定期的にメンタルヘルス調査を行い，リスクの高い児童・生徒を見つけ，教師にフィードバックし丁寧な関わりを増やしたり，スクールカウンセラーへの関心を持つ生徒には積極的に相談室を利用できるような体制づくりをしたりしていく必要がある。鈴木（2012）は，スクールカウンセラーとして心理教育を実施するとともに，メンタルヘルス調査を定期的に実施し丁寧なフィードバックを行うことで，相談希望の生徒との関わりを増やすことにつながり，不登校生徒数が年々減少し，最終的には0人となったことを報告している。このように，スクールカウンセラーへの関心について尋ねる質問紙調査を行い，関心が高い生徒にはスクールカウンセラーの方から自然な形で話しかけ，児童が安心して相談室を利用できるようにする配慮が必要なのではないだろうか。

　また実際に欠席日数が増加している生徒については，スクールカウンセラーとし

て心理面接を行うことと同時に，病院や教育相談センターとの連携を行うなどの対応が必要となるケースも多い。スクールカウンセラーは，教師からこれまでの生徒の変化や状況について確認するとともに，本人の思いを丁寧に聴き，必要に応じて保護者との面談を行いながら，生徒の状態をアセスメントすることが有効な場合もある。そのうえで，教職員等とのコンサルテーション，病院や地域施設との連携を行い，援助体制を整えていく必要がある。とくに両親の思春期の子どもの教育への関与と関係の質は，その後の学業の向上など適応に影響を与えることが示唆されている（Nye et al., 2006; Spoth et al., 2004）。学校場面においても，教師と保護者の面談や保護者が参加できる学校全体の集会や講演会を通じて，親を学校に巻き込み，教師やスクールカウンセラー等のスタッフとの関係構築とコミュニケーションの強化を行うことは，とくに子育てに苦労している親にとっては意義があることが示されている（Jeynes, 2012）。このように，スクールカウンセラーには教師，保護者，関係機関と子どもをつなぐ役割が求められている。

　なお，戸川（1956）は，望ましい適応指導として，最初に適応環境の発見，次に自然的適応の促進，最後に不適応の解決の指導の順で工夫されるべきであるとしている。本書の研究結果をもとにすると，心理テスト等をもとに本人の価値観や要請，条件に合った環境を見つけ，自然に適応できるように社会的コンピテンスの育成や本人に合った役割を担えるような機会を提供しサポートするなかで，児童・生徒が級友，教師やスクールカウンセラーと密に関わる機会を増やすことで学校不適応感を軽減できるように促す支援方法が考えられる。また，もし不適応問題が生じた場合はその解決に向けて児童・生徒との個人面接に加え教師，保護者，地域とも連携をして丁寧な支援を行うという心理的援助プロセスを行っていく必要がある。

　ただすでに不登校状態となっており，学校の相談室に来談することが難しい児童・生徒も多くいる。家庭で十分なケアを受けておらず，家で十分な食事もとれておらず部屋でうずくまり，戸外へ出ることが難しいケースに出会うこともある。このような子どもたちが，相談室に自ら来談することは非常に難しく，従来の相談室で行うカウンセリングには限界を感じることも多い。しかしながら，彼らは誰よりも心身のケアを必要としている。そのなかで，渡辺（2017）は「一人の人間と一人の人間との丁寧な関係と対話に基づいた「こころ・からだ」の手助けこそが結局は，現代社会の基底に色濃く潜在する孤独感，孤立感，無力感に苦しむ人達を手助けできる，何よりの方法となる」と述べている。鈴木（2017）は，不登校となったネグレクト傾向の生徒にスクールカウンセラーとして1年間以上定期的に手紙を書いた

事例を紹介している。そのなかで，生徒本人からの返事は一度もなかったが，それまで1年以上登校できなかった生徒が中学3年生から毎日登校することができるようになったとしている。このケースにおける手紙の内容は主に相談室からみた風景（四季）の移り変わりの様子と，クライエントの身体を慮る内容等が主であり，封筒と便箋も筆者自身が折り紙を用いて作ったものであった。登校を再開してからは，相談室で一緒に風景を見たり，折り紙や塗り絵をして過ごし，授業にも休むことなく出席し，無事に卒業して高校に進学した。これらの事例からは，登校できない児童・生徒にスクールカウンセラーとして，手紙や電話を定期的（たとえば隔週，毎週等）に行うことが有効な場合もあり，その際にはクライエントとの関係性と状態に配慮したものにする必要があると考えられる。

　最後に，本書の結果では獲得的レジリエンスは友人関係の不安とは正の影響関係が見られるなど結果が一貫しておらず，構造方程式モデリングを用いた分析においても獲得的レジリエンスは学校不適応感のプロセスには有意な影響を与えていなかった。その背景としては，本書は児童・生徒が感じている主観的な学校不適応感に焦点を当てて検討を行い，学校環境側の要因とその影響過程については十分に検討できていなかった点が関与している可能性が考えられる。不適応問題については，これまで児童・生徒側が環境の要望と一致できないことや，自分の欲求との調節ができず不適応に至っているということが指摘されがちであったが，環境と個人の適合性（Eccles et al. 1993）の観点からいくと，環境が個人に合わせるという視点も必要である。とくに学校不適応感のプロセス上にいる児童生徒には，児童生徒にとって学校がほどよい刺激，環境となるように教師と連携して，環境側からのアプローチ方法についてスクールカウンセラーとして提案していく必要性が今後増してくると思われる。戸川（1956）は，適応とは模倣や従命を意味するものではなく，適応は自己が択んだ価値体系の実現であり，自己実現とされうるとしている。それゆえ，適応は主体と対立する社会の側からの要請への適応ではなく，主体の側に取り入れられた価値体系，目的手段体系の要請への適応であるべきなのではないかと指摘している。ときに学校場面では，学校環境側の価値観や要請を児童・生徒に従わせることに注力してしまうこともあるかもしれないが，それが個人の価値観や要請と反対の場合，とくにリスクが高い児童・生徒は対処できない感情を持ち，学校不適応感を抱き，何らかの症状や問題へとつながってしまう可能性もある。その際に，スクールカウンセラーとしては本書で明らかとなった学校不適応感を抱える子どもたちのSOS（不適応徴候）に早期の段階で気づき，子ども達の声に丁寧に耳を傾け，

子ども達が真に望んでいることや価値観などを整理していくなかで本人の自己実現を果たせるように学校側との調整を行っていく役割を担っていく等の学校臨床場面での予防的活動が重要であることが示唆された。そのためには，適応欲求の精神発達は社会的適応から内的適応へと発達すべきである（戸川，1956）点を考慮して見立てを行っていくなかで，教師と連携して支援を行っていく姿勢が求められている。

　学校場面は児童・生徒のみでなく，教職員，家族，地域と多くの関係性が重なり合う場である。それゆえに，スクールカウンセラー自身も児童・生徒を支える教職員，家族，地域との間においてできる限り関係を深め，コミットメントしていく必要があるのではないだろうか。おそらく，これらの大人の「「井戸」を掘って掘っていくと，そこで全くつながるはずのない壁を越えてつながる」（河合・村上，1996）点は，"子どものことを思う気持ち"なのではないだろうか。

第3節　今後の課題

　最後に，今後の課題についてまとめる。本書では扱いきれなかった以下の問題が残されている。

　まず，本研究では学校不適応感のリスク要因として，行動的機能のひとつである社会的コンピテンスや社会的機能のひとつである被受容感の乏しさに焦点を当てて検討を行ってきた。しかしながら学校不適応感のリスク要因は第1章でも述べた環境要因や家族要因等多岐に渡る。また，今回の研究で扱ってきた個人内要因には社会的機能や行動的機能以外にも，学業的機能（Masten et al., 1995; 大対ら，2007; Perry & Weinstein, 1998），生物学的機能（Ladd, 1989）等が想定されることが指摘されている。また社会的機能も級友や大人との関係，ソーシャルサポート（大対ら，2007; Perry & Weinstein, 1998）等にも分けることができる。同様に社会的機能を構成するコンピテンスも認知的，感情的，身体的，社会的なスキル等，多岐に渡って分類されることが示されている（Fraser et al., 2004; Masten & Curtis, 2000）。このようにリスク要因を細かくみていくと多層的に構成されていると考えられる。なお，これまでの研究において，リスクを持つ子どもにさらにリスクが集中する傾向があることが分かってきている（Fraser et al., 2004）。その背景としては，2つ3つのリスク要因を持つリスクが大きい子どもたちは，顕在化していない他のリスク要因も持っていることが多く，「バンドリング（bundling）」とよばれる現象が起きることがある（Rutter, 2000）。このようなリスク要因の数が増加するほど，その累積が子

どもに与える影響は強くなることが報告されてきている（Dishion et al., 1999; Greenberg et al., 2001）。すなわち，複数のリスク要因の累積が子どもたちに与える影響は大きいことが考えられる。このような現状を捉えると，さらに多くのリスク要因を対象として学校不適応感の関連について検証すると同時にリスク要因間の相互関係がどのように学校不適応感のプロセスに影響を与えるかをより重層的に捉えていく必要があると考えられる。

　次に，本書の研究においては小学生，中学生，高校生を調査対象としたが，学校種ごとに少しずつ調査内容が異なっており，学校不適応感等について小学生から高校生を縦断的に比較・検討することができなかった。Grizenko & Fisher（1992）は，生来的あるいは個人的な要因は乳幼児期においてとくに重要であるが，思春期では対人関係の要因がより重要となることを指摘している。同様に思春期に深刻な対処能力の問題が見られたリスクの高い青年の多くが，30歳代前半には良い方向に変化したことが報告されている（Werner, 1992）。このように年齢ごとに重要となるリスク要因や保護要因が異なってくることが指摘されている。そのため，年齢毎のさらなる詳細な検討を行うことで，各年齢で重要なリスク要因を明らかにでき，発達的側面も考慮した予防的介入方法についても検討することができるのではないだろうか。

　なお，Bronfenbrenner（1979）は，生態学的アプローチの観点より，環境を4つの領域に概念化している。1つ目は，近隣，学校，家族，友人といった，個人が直接的に参加して相互作用する（活動，役割，対人関係）領域であるミクロシステムである。2つ目は，発達しつつある人が積極的に参加している2つ以上の行動場面間の相互作用からなるミクロシステム同士のつながりであるメゾシステムである。3つ目は，発達しつつある人を積極的な参加者として含めていないが，発達しつつある人を含む行動場面で生起することに影響を及ぼしたり，あるいは影響されたりするような事柄が生ずるような1つまたはそれ以上の行動場面（両親の職場，地域の教育委員会の活動など）であるエクソシステムである。4つ目は下位文化や文化全体のレベルで存在しているあるいは存在し得るような下位システム（マイクロ，メゾ，エクソ）の形態や内容における一貫性であり，信念体系やイデオロギーも含まれるマクロシステムがある（Bronfenbrenner, 1979）。マクロシステムは，個人が生活する身近な環境を超えたところにありながら，経済的，政治的，社会文化的な環境も含んでいる（Jessor, 1993）とされる。これらの生態学的アプローチは，リスク要因と保護要因のアセスメント及び子どもと青少年への効果的なプログラム査定のための概

念的枠組みを提示するものであるとされている（Fraser et al., 1999; Zaff et al., 2017）。本書でとりあげた学校不適応感についても個人と環境の関係性が問題となっていることを踏まえると，上記の４つのシステムを含めた環境が個人に与える影響は大きく，またこれらの環境の影響をどのように個人が折り合いをつけ，調和していくかが適応につながっていくと考えられる。本書では，学校や友人以外のミクロシステム（家族や近隣等）については扱っておらず，またメゾシステム（たとえば学校と家庭の関係等）やエクソシステム（地域の教育委員会との関連）及びマクロシステム（先ほど述べたような文化差や地域差）と学校不適応感との関連についても検討できていない。本書の研究は日本の児童・生徒を対象としたものであり，加えて他国籍の児童生徒と日本国籍の児童生徒とを分けた検討も行っていない。そのため，文化の多様性までをも踏まえた研究結果とはいえない現状にある。リスク要因や保護要因はこれまで文化的な背景が多分に影響することが指摘されてきていた（McCubbin et al., 1998）。つまり，ある文化において適応的かつ標準的とみなされる行動が，別の文化においては必ずしもそうではないことが示されてきている（Coll & Magnuson, 2000）。たとえば，自分の意見をはっきり主張することはある文化においては高く評価されないが，別の文化では適応的な行動として考えられている（Masten et al., 1990）。このように文化が要請するニーズは，その地域，家庭，学校の風土に波及していき，環境が求める要請の一部となり，児童・生徒たちの学校適応感に与える影響が大きいと考えられる。そのため，本書で調査した学校不適応感尺度や保護要因尺度を他文化においても比較・検証し，学校不適応感のプロセスが同様の経路をたどるのか，もしくは保護要因が与える影響過程は異なるのかについて検討することで，文化差が与える学校不適応感の影響過程の相違についても明らかにする一助となる可能性がある。

　また，本来であれば生態学的アプローチの観点を取り入れた場合，社会環境は相互依存的で入れ子状態の部分（システム）によって構成されるものであるとされている（Fraser, 2004）。そのため，学校適応に関連するリスク要因と保護要因もこれらの多層的に入り組み合う環境のなかで，相互作用しながら個人の学校適応感・学校不適応感に影響を及ぼしていると考えられる。この点については，今後さらなる検討が必要となる。Bronfenbrenner（1979）は，人間発達の文脈において役割が重要な役目を果たしているとしている。そのうえで，「役割とは，社会のなかで特定の位置を占める人に期待され，またその人との関係のなかで他者に期待される，一連の活動との関係である」としている（Bronfenbrenner, 1979）。この役割は人がどの

ような扱いを受けるか，どのように行動するか，何をするか，そして何を考え，何を感じるかをも変えてしまう側面を持つことも示唆している。また，マクロシステムの要素として機能している役割も，実際には高次のマクロシステムやそれと結びついているイデオロギー・制約的構造のなかに根を下ろしているとされる（Bronfenbrenner, 1979）。今回学校不適応感の保護要因として捉えられたロールフルネスにも学級，部活，学校，地域や文化等の様々な環境が求める役割像が影響を及ぼしており，それが学校不適応感に何らかの作用を及ぼしたていたり，また同じ役割でも個人の特性により，その役割への遂行面やコミットメントが異なっていたりすると考えられる。このように，本書ではロールフルネスの学校不適応感に対する保護要因としての効果についてはある程度検証することができたと考えているが，さらに役割が本人の特性，環境の相互作用のなかでどのような影響過程を示し，そしてその役割から主観的な役割満足感であるロールフルネスにつながるまでにはどのような経験が必要となるのかについてはさらなる詳細な調査が望まれる。これらの丁寧なプロセスを検証していくことが，学校不適応を予防するための介入方法やプログラムを作成するために有益になると考えられる。

　最後に，本書では児童・生徒側から捉えた学校不適応感のプロセスについて検討を行ってきたが，学校環境側の要因が学校適応に影響する側面も指摘されている（Azeredo et al., 2019; Fine et al., 2016; Wright & Cowen, 1982）。具体的には順序化され組織化されるなど構造化された環境が非行問題などを抱える不適応生徒の学校適応を促進していたことが報告されている（Wright & Cowen, 1982）。また近年は学校不適応問題について，学校環境と遺伝要因との関連から調査した研究も見られ（Azeredo et al., 2019; Fine et al., 2016），学校への愛着と非行に対するドーパミン作動性遺伝子型の重要な相互作用効果についても明らかとなってきている（Fine et al., 2016）。このように，今後，生物学的な観点と学校環境，個人の価値観など複合的な要因間での相互作用を考えた検討が必要となる[1]。

---

[1] なお，本書に記述された子どもたちの発言は，プライバシーに配慮し，一部加筆修正を加えたものである。

引用文献

Acra, C. F., Bono, K. E., Mundy, P. C., & Scott, K. G. (2009). Social competence in children at risk due to prenatal cocaine exposure: Continuity over time and associations with cognitive and language abilities. *Social Development*, 18(4), 1002–1014.

Ainsworth, M. D. S., Blehar, M. C., Waters, E., & Wall, S. (1978). *Patterns of attachment: A psychological study of the strange situation.* Oxford: Lawrence Erlbaum.

Andriola, E., Di Trani, M., Grimaldi, A., & Donfrancesco, R. (2011). The Relationship between Personality and Depression in Expectant Parents. *Depression research and treatment*, 2011, 356–428.

Anthony, E. J. (1987). Risk, vulnerability, and resilience: An overview. In E. J. Anthony & B. J. Cohler (Eds.), *The Guilford psychiatry series. The invulnerable child* (pp. 3–48). New York, NY: Guilford Press.

青木紀久代 (2007). 家庭・学校・地域における発達危機の診断と臨床支援 幼児期から青年期までのメンタルヘルス縦断研究—心理的援助のためのアウトリーチ・プログラムの構築—最終報告書 お茶の水女子大大学院人間文化研究科人間発達科学専攻・COE 事務局

Appleton, J. J., Christenson, S. L., & Furlong, M. J. (2008). Student engagement with school: Critical conceptual and methodological issues of the construct. *Psychology in the Schools*, 45(5), 369–386.

浅田栄里子・中西紘士 (2018). 「中 1 ギャップ」の解消に向けた小学校における教科担任制の効果の検討—学級担任制で学ぶ児童との意識調査の比較を通して 環太平洋大学研究紀要, 12, 13-17.

淺木海音・奥野誠一 (2018). 大学生の心理的居場所感とソーシャルスキルとの関連 立正大学臨床心理学研究, 16, 21-30.

浅川潔司・尾崎高弘・古川雅文 (2003). 中学校新入生の学校適応に関する学校心理学的研究 兵庫教育大学研究紀要, 23, 81-88.

浅海健一郎 (2006). 主体性と適応感の関係に関する研究—不登校児と登校児の比較を通して 心理臨床学研究, 24(1), 44-52.

Asher, S. R., & Rose, A. J. (1997). Promoting children's social-emotional adjustment with peers. In P. Salovey, & D. J. Sluyter (Eds.), *Emotional development and emotional intelligence: Educational implications* (pp. 196–230). New York, NY: Basic Books.

Azeredo, A., Moreira, D., Figueiredo, P., & Barbosa, F. (2019). Delinquent behavior: Systematic review of genetic and environmental risk factors. *Clinical Child and Family Psychology Review*, 22(4), 502–526.

Baker, J. A. (1998). The social context of school satisfaction among urban, low-income, African-American students. *School Psychology Quarterly*, 13(1), 25–44.

Barile, J. P., Donohue, D. K., Anthony, E. R., Baker, A. M., Weaver, S. R., & Henrich, C. C. (2012). Teacher-Student relationship climate and school outcomes: Implications for educational policy Initiatives. *Journal of Youth and Adolescence*, 41(3), 256–267.

Bartkus, K. R., Nemelka, B., Nemelka, M., & Gardner, P. (2012). Clarifying the meaning of extracurricular activity: A literature review of definitions. *American Journal of Business Education*, 5, 693–704.

Beck, J. S. (1995). *Cognitive therapy: Basics and beyond*. New York, NY: Guilford Press.

Bem, S. L. (1974). The measurement of psychological androgyny. *Journal of Consulting and Clinical Psychology*, 42(2), 155–162.

Benard, B. (2004). *Resiliency: what we have learned*. San Francisco, CA: WestEd publishers.

Bierman, K. L., & Welsh, J. A. (2000). Assessing social dysfunction: The contributions of laboratory and performance-based measures. *Journal of Clinical Child Psychology*, 29(4), 526–539.

Block, J., & Kremen, A. M. (1996). IQ and ego-resiliency: Conceptual and empirical connections and separateness. *Journal of Personality and Social Psychology*, 70(2), 349–361.

Blos, P. (1967). The second individuation process of adolescence. *The Psychoanalytic Study of the Child*, 22(1), 162–186.

Bogg, T., & Roberts, B. W. (2004). Conscientiousness and health-related behaviors: A meta-analysis of the leading behavioral contributors to mortality. *Psychological Bulletin*, 130(6), 887–919.

Bradley, R. H., Whiteside, L., Mundfrom, D. J., Casey, P. H., Kelleher, K. J., & Pope, S. K. (1994). Early indications of resilience and their relation to experiences in the home environments of low birthweight, premature children living in poverty. *Child Development*, 65(2), 346–360.

Bronfenbrenner, U. (1979). *The ecology of human development: Experiments by nature and design*. Cambridge, MA: Harvard University Press.

Brooks, R. B. (1994). Children at risk: Fostering resilience and hope. *The American Journal of Orthopsychiatry*, 64(4), 545–553.

Buck, J. N. (1948). The H-T-P technique: a qualitative and quantitative scoring manual. *Journal of Clinical Psychology*, 4(4), 317–396.

Buehler, C., Anthony, C., Krishnakumar, A., & Stone, G. (1997). Interparental conflict and youth problem behaviors: A meta-analysis. *Journal of Child and Family Studies*, 6(2), 223–247.

Buhrmester, D. (1990). Intimacy of friendship, interpersonal competence, and adjustment during preadolescence and adolescence. *Child Development*, 61(4), 1101–1111.

Buhrmester, D., & Furman, W. (1987). The development of companionship and intimacy. *Child Development*, 58(4), 1101–1113.

Burkitt, E., Barrett, M., & Davis, A. (2003). The effect of affective characterizations on the size of children's drawings. *British Journal of Developmental Psychology*, 21(4), 565–583.

Burt, K. B., Obradović, J., Long, J. D., & Masten, A. S. (2008). The interplay of social competence and psychopathology over 20 years: Testing transactional and cascade models. *Child Development*, 79(2), 359–374.

Caplan, G. (1964). *Principles of preventive psychiatry*. Oxford: Basic Books.

Caplan, R. D. (1987). Person-environment fit theory and organizations: Commensurate dimensions, time perspectives, and mechanisms. *Journal of Vocational Behavior*, 31 (3), 248–267.

Catalano, D., Chan, F., Wilson, L., Chiu, C. Y., & Muller, V. R. (2011). The buffering effect of resilience on depression among individuals with spinal cord injury: a structural equation model. *Rehabilitation Psychology*, 56(3), 200–211.

Cauce, A. M., Mason, C., Gonzales, N., & Hiraga, Y. (1996). Social support during adolescence: Methodological and theoretical considerations. In K. Hurrelmann, & S. F. Hamilton (Eds.), *Social problems and social contexts in adolescence: Perspectives across boundaries* (pp. 131–151). Hawthorne, NY: Aldine de Gruyter.

Chapman, R. L., Buckley, L., Sheehan, M., & Shochet, I. (2013). School-based programs for increasing connectedness and reducing risk behavior: A systematic review. *Educational Psychology Review*, 25(1), 95–114.

Cicchetti, D., & Cohen, D. J. (1995). *Developmental psychopathology, risk, disorder, and adaptation*. Oxford: John Wiley & Sons.

Cloninger, C. R., Svrakic, D. M., & Przybeck, T. R. (1993). A psychobiological model of temperament and character. *Archives of General Psychiatry*, 50(2), 975–990.

Cloninger, C. R., Svrakic, D. M., & Przybeck, T. R. (2006). Can personality assessment predict future depression? A twelve-month follow-up of 631 subjects. *Journal of Affective Disorders*, 92(1), 35–44.

Coie, J. D., Watt, N. F., West, S. G., Hawkins, J. D., Asarnow, J. R., Markman, H. J., Ramey, S. L., Shure, M. B., & Long, B. (1993). The science of prevention: A conceptual framework and some directions for a national research program. *American Psychologist*, 48(10), 1013–1022.

Coleman, J. C., & Hendry, L. B. (1999). *Adolescence and society. The nature of adolescence* (3rd ed.). Florence, KY: Taylor & Francis/Routledge.

Coll, C., & Magnuson, K. (2000). Cultural eifferences as sources of developmental vulnerabilities and resources. In J. P. Shonkoff, & S. J. Meisels (Eds.), *Handbook of Early Childhood Intervention* (2nd ed., pp. 94–114). Cambridge: Cambridge University Press.

Connell, J. P., Halpern-Felsher, B. L., Clifford, E., Crichlow, W., & Usinger, P. (1995). Hanging in there: Behavioral, psychological, and contextual factors affecting whether African-American adolescents stay in high school. *Journal of Adolescent Research*, 10(1), 41–63.

Cowen, E. L., Wyman, P. A., Work, W. C., & Parker, G. R. (1990). The rochester child resilience project: Overview and summary of first year findings. *Development and Psychopathology*, **2**(2), 193.

Coyne, J. C. (1976). Toward an interactional description of depression. *Psychiatry*, **39** (1), 28–40.

Croninger, R. G., & Lee, V. E. (2001). Social capital and dropping out of high school: Benefits to at-risk students of teachers' support and guidance. *Teachers College Record*, **103**, 548–581.

大坊郁夫 (2008). 社会的スキルの階層的概念 対人社会心理学研究, 8, 1-6.

Damon, W., & Hart, D. (1982). The development of self-understanding from infancy through adolescence. *Child Development*, **53**(4), 841–864.

Devore, J. E., & Fryrear, J. L. (1976). Analysis of juvenile delinquents' hole drawing responses on the tree figure of House-Tree-Person technique. *Journal of Clinical Psychology*, **32**(3), 731–736.

Dishion, T. J., Capaldi, D. M., & Yoerger, K. (1999). Middle childhood antecedents to progressions in male adolescent substance use: An ecological analysis of risk and protection. *Journal of Adolescent Research*, **14**(2), 175–205.

Dodge, K. A., Bates, J. E., & Pettit, G. S. (1990). Mechanisms in the cycle of violence. *Science*, **250**, 1678–1683.

土井隆義 (2014). つながりを煽られる子どもたち―ネット依存といじめ問題を考える 岩波書店

Dubos, R. (1980). *Man Adapting*. New Haven and London: Yale University Press. (木原弘二 (訳) (1982). 人間と適応―生物学と医療 第 2 版 みすず書房)

Duck, S. W. (1989). Socially competent communication and relationship development. In B. H. Schneider, G. Attili, J. Nadel, & R. P. Weissberg (Eds.), *Social Competence in Developmental Perspective* (pp. 91–106). Amsterdam: Kluwer.

Duncan, G. J., Brooks-Gunn, J., & Klebanov, P. K. (1994). Economic deprivation and early childhood development. *Child Development*, **65**(2), 296–318.

Durlak, J. A. (1995). *School-based prevention programs for children and adolescents*. Thousand Oaks, CA: Sage.

Eccles, J. S., Midgley, C., Wigfield, A., Buchanan, C. M., Reuman, D., Flanagan, C., & Mac Iver, D. (1993). Development during adolescence: The impact of stage-environment fit on young adolescents' experiences in schools and in families. *American Psychologist*, **48**(2), 90–101.

江上園子・角谷詩織・無藤 隆 (2003). 小・中学生の抑うつ症状に関する研究―学年別・学校別および性差による検討 日本教育心理学会総会発表論文集, 45, 230.

Eggum, N. D., Sallquist, J., & Eisenberg, N. (2011). "Then it will be good": Negative life events and resilience in Ugandan youth. *Journal of Adolescent Research*, **26**(6), 766–796.

Eisenberg, N., & Fabes, R. A. (1992). Emotion, regulation, and the development of social competence. In M. S. Clark (Ed.), *Review of personality and social psychology, Vol. 14. Emotion and social behavior* (pp. 119–150). Thousand Oaks, CA: Sage Publications, Inc.

Fall, A. M., & Roberts, G. (2011). High school dropouts: Interactions between social context, self-perceptions, school engagement, and student dropout. *Journal of Adolescence, 35*, 787–798.

Farlyo, B., & Paludi, M. (1985). Research with the Draw-A-Person test: conceptual and methodological issues. *The Journal of Abnormal Psychology, 119*(6), 575–580.

Farb, A. F., & Matjasko, J. L. (2012). Recent advances in research on school-based extracurricular activities and adolescent development. *Developmental Review, 32* (1), 1–48.

Felitti, V. J., Anda, R. F., Nordenberg, D., Williamson, D. F., Spitz, A. M., Edwards, V., Koss, M. P., & Marks, J. S. (1998). Relationship of childhood abuse and household dysfunction to many of the leading causes of death in adults: The Adverse Childhood Experiences (ACE) Study. *American Journal of Preventive Medicine, 14* (4), 245–258.

Fenigstein, A., Scheier, M. F., & Buss, A. H. (1975). Public and private self-consciousness: Assessment and theory. *Journal of Consulting and Clinical psychology, 43*, 522–527.

Fergusson, D. M., & Lynskey, M. T. (1996). Adolescent resiliency to family adversity. *Journal of Child Psychology and Psychiatry, and Allied Disciplines, 37*(3), 281–292.

Fiebert, M. S. (1983). Measuring traditional and liberated males' attitude. *Perceptual and Motor Skills, 56*(1), 83–86.

Fine, A., Mahler, A., Simmons, C., Chen, C., Moyzis, R., & Cauffman, E. (2016). Relations between three dopaminergic system genes, school attachment, and adolescent delinquency. *Developmental Psychology, 52*(11), 1893–1903.

Fraser, M. W. (2004). The ecology of childhood: A multi-systems perspective. In M. W. Fraser. (Ed.), *Risk and resilience in childhood: An ecological perspective* (pp. 1–12). Washington, DC: NASW Press.

Fraser, M. W., Richman, J. M., & Galinsky, M. J. (1999). Risk, protection, and resilience: Toward a conceptual framework for social work practice. *Social Work Research, 23* (3), 131–143.

Fraser, M. W., Kirby, L. D., & Smokowski, P. R. (2004). Risk and resilience in childhood. In M. W. Fraser (Ed.), *Risk and resilience in childhood: An ecological perspective* (2nd ed., pp. 13–66). Washington, DC: NASW Press.

Fredricks, J. A., Blumenfeld, P. C., & Paris, A. H. (2004). School engagement: Potential of the concept, state of the Evidence. *Review of Educational Research, 74*(1), 59–109.

Fredricks, J. A., & Eccles, J. S. (2006). Is extracurricular participation associated with beneficial outcomes? Concurrent and longitudinal relations. *Developmental Psychology, 42*(4), 698–713.

Friedman, H. S., Prince, L. M., Riggio, R, E., & DiMatteo, M. R., (1980). Understanding and assessing nonverbal expressiveness: The affective communication test. *Journal of Personality and Social Psychology*, **39**(2), 333–351.

Frydenberg, E. (1997). *Adolescent coping: theoretical and research perspectives*. London: Routledge.

藤枝静暁・相川　充（2001）．小学校における学級単位の社会的スキル訓練の効果に関する実験的検討　教育心理学研究，49(3)，371–381.

Fukunishi, I., Mikami, N., & Kikuchi, M. (1997). Alexithymic characteristics in responses to the synthetic house-tree-person (HTP) drawing test. *Perceptual and Motor Skills*, **85**(3)-1, 939–942.

福島　章（1989）．性格と適応　本明　寛（編）性格心理学新講座 3 ―適応と不適応　金子書房

Furman, W., & Buhrmester, D. (1992). Age and sex differences in perceptions of networks of personal relationships. *Child Development*, **63**(1), 103–115.

古市裕一（1991）．小・中学生の学校ぎらい感情とその規定要因　カウンセリング研究，24(2)，123–127.

Garland, A. F., & Zigler, E. F. (1994). Psychological correlates of help-seeking attitudes among children and adolescents. *American Journal of Orthopsychiatry*, **64**(4), 586–593.

Garmezy, N. (1971). Vulnerability research and the issue of primary prevention. *American Journal of Orthopsychiatry*, **41**(1), 101–116.

Gesell, A. L. (1956). *Youth: the years from ten to sixteen*. New York, NY: Harper & Brothers.（新井清三郎・髙木俊一郎・平井信義（訳）（1972）．青年の心理学― 10 歳より 16 歳まで　家政教育社）

Goldberg, D. P. (1972). *The Detection of Psychiatric Illness by Questionnaire (Maudsley Monograph)*. London: Oxford University Press.

Goodman, F. R., Disabato, D. J., Kashdan, T. B., & Machell, K. A. (2017). Personality strengths as resilience: A one-year multiwave study. *Journal of Personality*, **85**(3), 423–434.

Goodman, S. H. (1987). Emory University Project on Children of Disturbed Parents. *Schizophrenia Bulletin*, **13**(3), 411–423.

Gordon, N., Lefkowitz, M. M., & Tesiny, E. P. (1980). Childhood depression and the Draw-A-Person. *Psychological Reports*, **47**(1), 251–257.

Gotlib, I. H., Lewinsohn, P. M., & Seeley, J. R. (1995). Symptoms versus a diagnosis of depression: Differences in psychosocial functioning. *Journal of Health and Social Behavior*, **33**, 97–113.

Graham, J., & Bowling, B. (1995). *Young people and crime, Home Office Research Study 145*, London: Home Office.

Greenberg, M. T., Speltz, M. L., DeKlyen, M., & Jones, K. (2001). Correlates of clinic referral for early conduct problems: Variable-and person-oriented approaches.

Development and Psychopathology, **13**(2), 255–276.

Gresham, F. M. (1986). Conceptual issues in the assessment of social competence in children. In P. Strain, M. Guralnick, & H. Walker (Eds.), *Children's social behavior: Development, assessment, and modification* (pp. 143–179). New York, NY: Academic Press.

Grizenko, N., & Fisher, C. (1992). Review of studies of risk and protective factors for psychopathology in children. *Canadian Journal of Psychiatry*, **37**(10), 711–721.

Groth-Marnat, G., & Roberts, L. (1998). Human figure drawings and house tree person drawings as indicators of self-esteem: a quantitative approach. *Journal of Clinical Psychology*, **54**(2), 219–222.

Grucza, R. A., Przybeck, T. R., Spitznagel, E. L., & Cloninger, C. R. (2003). Personality and depressive symptoms: A multi-dimensional analysis. *Journal of Affective Disorders*, **74**(2), 123–130.

Guest, A. M., & McRee, N. (2009). A school-level analysis of adolescent extracurricular activity, delinquency, and depression: The importance of situational context. *Journal of Youth and Adolescence*, **38**(1), 51–62.

Hagen, K. A., Myers, B. J., & Mackintosh, V. H. (2005). Hope, social support, and behavioral problems in at-risk children. *American Journal of Orthopsychiatry*, **75** (2), 211–219.

Halgin, R. P., Weaver, D. D., Edell, W. S., & Spencer, P. G. (1987). Relation of depression and help-seeking history to attitudes toward seeking professional psychological help. *Journal of Counseling Psychology*, **34**(2), 177–185.

Hammer, E. F. (1958). *The clinical application of projective drawings*. Springfield, IL: Charles C. Thomas.

Hammer, E. F. (1997). *Advances in Projective Drawing Interpretation*. Springfield, IL: Charles. C. Thomas.

Hansen, D. M., Larson, R. W., & Dworkin, J. B. (2003). What adolescents learn in organized youth activities: A survey of self-reported developmental experiences. *Journal of Research on Adolescence*, **13**(1), 25–55.

原田克巳・竹本伸一 (2009). 学校適応の定義―児童・生徒が学校に適応するということ 金沢大学人間社会学域学校教育学類紀要, **1**, 1–9.

Harnish, J. D., Dodge, K. A., & Valente, E. (1995). Mother-child interaction quality as a partial mediator of the roles of maternal depressive symptomatology and socioeconomic status in the development of child behavior problems. *Child Development*, **66**(3), 739–753.

Harriman, P. L. (1959). *Handbook of psychological terms*. Littlefield: Adams & Company.

Harrington, R. (2002). Affective disorders. In M. Rutter, & E. A. Taylor (Eds.), *Child and adolescent psychiatry* (4th ed., pp. 463–485). Malden, Mass: Blackwell Science.

Harris, D. B. (1963). *Children's drawings as measures of intellectual maturity: A revision and extension of the Goodenough Draw-A-Man Test*. New York, NY: Harcourt,

Brace, and World.

Harter, S. (1982). The perceived competence scale for children. *Child Development*, **53** (1), 87–97.

Harter, S. (2006). The self. In N. Eisenberg, W. Damon., & R. M. Lerner (Eds.), *Handbook of Child Psychology, Social, emotional, and personality development* (6th ed., pp. 505–570). Hoboken: John Wiley & Sons.

Hartmann, D., & Massoglia, M. (2007). Reassessing the relationship between high school sports participation and deviance: Evidence of enduring, bifurcated effects. *The Sociological Quarterly*, **48**(3), 485–505.

Hawkins, J. D., Catalano, R. F., Kosterman, R., Abbott, R., & Hill, K. G. (1999). Preventing adolescent health-risk behaviors by strengthening protection during childhood. *Archives of Pediatrics & Adolescent Medicine*, **153**(3), 226–234.

Hawkins, J. D., Catalano, R. F., & Miller, J. Y. (1992). Risk and protective factors for alcohol and other drug problems in adolescence and early adulthood: Implications for substance abuse prevention. *Psychological Bulletin*, **112**(1), 64–105.

平川義親 (1993). シンナー吸引少年の特徴について―統合型 HTP テストに示される棒人間 (stickfigure) を通して見た一考察 臨床描画研究, 8, 213–223.

平野真理 (2010). レジリエンスの資質的要因・獲得的要因の分類の試み―二次元レジリエンス要因尺度 (BRS) の作成 パーソナリティ研究, **19**(2), 94–106.

平野真理 (2012). 心理的敏感さに対するレジリエンスの緩衝効果の検討―もともとの「弱さ」を後天的に補えるか 教育心理学研究, **60**(4), 343–354.

廣崎 陽・瀬戸美奈子 (2014). 高校生の学校生活におけるこだわりが学校への適応感に及ぼす影響 三重大学教育学部研究紀要 自然科学・人文科学・社会科学・教育科学, **65**, 249–262.

廣瀬由美子・加藤哲文・小林重雄 (2001). 自閉症児における通常の学級児童との交流を促進するための教育プログラム―役割活動が及ぼす効果について 特殊教育学研究, **38**(5), 61–70.

Hirschfield, P. J., & Gasper, J. (2011). The relationship between school engagement and delinquency in late childhood and early adolescence. *Journal of Youth and Adolescence*, **40**(1), 3–22.

Hoglund, W. L., & Leadbeater, B. J. (2004). The Effects of Family, School, and Classroom Ecologies on Changes in Children's Social Competence and Emotional and Behavioral Problems in First Grade. *Developmental Psychology*, **40**(4), 533–544.

本間友巳 (2000). 中学生の登校を巡る意識の変化と欠席や欠席願望を抑制する要因の分析 教育心理学研究, **48**(1), 32–41.

Houston, A. N., & Terwilliger, R. (1995). Sex, sex roles, and sexual attitudes: figure gender in the Draw-A-Person test revisited. *Journal of Personality Assessment*, **65** (2), 343–357.

Huang, B., Kosterman, R., Catalano, R. F., Hawkins, J. D., & Abbott, R. D. (2001). Modeling mediation in the etiology of violent behavior in adolescence: A test of the social development model. *Criminology*, **39**(1), 75-107.

Hunsley, J., Crabb, R., & Mash, E. J. (2004). Evidence-based clinical assessment. *The Clinical Psychologist*, **57**(3), 25-32.

Hymel, S., Rubin, K. H., Rowden, L., & LeMare, L. (1990). Children's peer relationship: Longitudinal prediction of internalizing and externalizing problems from middle to late childhood. *Child Development*, **61**(6), 2004-2021.

五十嵐哲也 (2011). 中学進学に伴う不登校傾向の変化と学校生活スキルとの関連　教育心理学研究, **59**(1), 64-76.

五十嵐哲也・萩原久子 (2004). 中学生の不登校傾向と幼少期の父親および母親への愛着との関連　教育心理学研究, **52**(3), 264-276.

Inadomi, H., Tanaka, G., & Ohta, Y. (2003). Characteristics of trees drawn by patients with paranoid schizophrenia. *Psychiatry and Clinical Neurosciences*, **57**(4), 347-351.

Ingram, R. E., & Price, J. M. (2010). Understanding psychopathology: The role of vulnerability. In R. E. Ingram & J. M. Price (Eds.), *Vulnerability to psychopathology: Risk across the lifespan* (pp. 3-17). New York, NY: Guilford Press.

Irshad, E., & Atta, M. (2013). Social competence as predictor of bullying among children and adolescents. *Journal of the Indian Academy of Applied Psychology*, **39**(1), 35-42.

石川信一・太田亮介・坂野雄二 (2003). 児童の不安障害傾向と主観的学校不適応の関連　カウンセリング研究, **36**(3), 264-271.

石本雄真・久川真帆・齊藤誠一・上長　然・則定百合子・日潟淳子・森口竜平 (2009). 青年期女子の友人関係スタイルと心理的適応および学校適応との関連　発達心理学研究, **20**(2), 125-133.

磯部美良・堀江健太・前田健一 (2004). 非行少年と一般少年における社会的スキルと親和動機の関係　カウンセリング研究, **37**(1), 15-22.

板山　稔・髙田絵理子・小玉有子・田中留伊 (2014). 青森県の小・中・高校におけるメンタルヘルス問題と精神保健教育の現状に関する調査研究　弘前医療福祉大学紀要, **5**(1), 59-67.

伊藤亜矢子 (2007). 学校臨床心理学―学校という場を生かした支援　北樹出版

Jessor, R. (1993). Successful adolescent development among youth in high-risk settings. *The American Psychologist*, **48**(2), 117-126.

Jessor, R., Van Den Bos, J., Vanderryn, J., Costa, F. M., & Turbin, M. S. (1995). Protective factors in adolescent problem behavior: Moderator effects and developmental change. *Developmental Psychology*, **31**(6), 923-933.

Jeynes, W. (2012). A meta-analysis of the efficacy of different types of parental involvement programs for urban students. *Urban Education*, **47**(4), 706-742.

神保信一・山崎久美子 (1988). 学校に行けない子供たち―登校拒否再考　現代のエスプリ　至文堂

人類学講座編纂委員会 (編) (1988). 人類学講座9―適応　雄山閣出版

John, O. P., Naumann, L. P., & Soto, C. J. (2008). Paradigm shift to the integrative bigfive trait taxonomy: History, measurement, and conceptual issues. In O. P. John, R. W. Robins, & L. A. Pervin (Eds.), *Handbook of personality: Theory and research* (3rd ed., pp. 114–158). New York, NY: The Guilford Press.

Kahill, S.（1984）. Human figure drawings in adults: an update of the empirical evidence, 1967–1982. *Canadian Psychology*, **25**(4), 269–292.

嘉数朝子・砂川裕子・井上　厚（2000）．児童のストレスに影響を及ぼす要因についての検討―ソーシャルサポート，対処行動　琉球大学教育学部紀要，**56**，343–358.

金森美佳・鷲津智美子・五十嵐哲也（2013）．中学生のハーディネスが友人に対する感情と友人適応に及ぼす影響　愛知教育大学研究報告　教育科学編，**62**，71–79.

金山元春・後藤吉道・佐藤正二（2002）．孤独感が高い児童に及ぼす学級単位の集団社会的スキル訓練の効果　宮崎大学教育文化学部附属教育実践研究指導センター研究紀要　**9**，1–10.

上林靖子・中田洋二郎・藤井和子・北　道子・池田由子（1990）．中学生の欠席に関する研究―不登校の早期対応のために　小児の精神と神経，**30**，15–23.

粕谷貴志・河村茂雄（2002）．学校生活満足度尺度を用いた学校不適応のアセスメントと介入の視点―学校生活満足度と欠席行動との関連および学校不適応の臨床像の検討　カウンセリング研究，**35**(2)，116–123.

Kato, D., & Suzuki, M.（2018）. Rolefulness: Social and internal sense of role satisfaction. *Education*, **138**(8), 257–263.

加藤弘通・大久保智生（2001）．問題行動の継続過程と生徒文化の関係―〈荒れている学校〉と〈落ち着いている学校〉がもつ生徒文化の比較から　安田生命社会事業団研究助成論文集，**37**，73–79.

河合隼雄・村上春樹（1996）．村上春樹，河合隼雄に会いにいく　岩波書店

河村茂雄（1999）．生徒の援助ニーズを把握するための尺度の開発―学校生活満足度尺度（高校生用）の作成　岩手大学教育学部研究年報，**59**(1)，111–120.

Kendall, P. C., Krain, A., & Treadwell, K. R. H.（1999）. Generalized anxiety disorders. In R. T. Ammerman, M. Hersen, & C. G. Last（Eds.）, *Handbook of Prescriptive treatments for children and adolescents*（2nd ed., pp. 155–172）. Boston: Allyn & Bacon.

Khanlou, N., & Wray, R.（2014）. A whole community approach toward child and youth resilience promotion: A review of resilience literature. *International Journal of Mental Health and Addiction*, **12**(1), 64–79.

木島伸彦・斎藤令衣・竹内美香・吉野相英・大野　裕・加藤元一郎・北村俊則（1996）．Cloninger の気質と性格の 7 次元モデルおよび日本語版 Temperament and Character Inventory（TCI）　季刊精神科診断学，**7**，379–399.

Kim, J., & Cicchetti, D.（2004）. A longitudinal study of child maltreatment, mother-child relationship quality and maladjustment: The role of self-esteem and social competence. *Journal of Abnormal Child Psychology*, **32**(4), 341–354.

Kim-Cohen, J., Moffitt, T. E., Caspi, A., & Taylor, A.（2004）. Genetic and environmental processes in young children's resilience and vulnerability to socioeconomic deprivation. *Child Development*, **75**(3), 651–668.

北村栄一・北村陽英・西口俊樹・寺川信夫・福永知子・和田慶冶・西浦真理子（1983）. 公立中学校における過去 15 年間の不登校実態　児童青年精神医学とその近接領域, **24**(5), 322–336.

北村晴朗（1965）. 適応の心理　誠信書房

Klopfer, W. G., & Taulbee, E. S.（1976）. Projective tests. *Annual Review of Psychology*, **27**, 543–567.

Kobasa, S. C.（1979）. Stressful life events, personality, and health: an inquiry into hardiness. *Journal of Personality and Social Psychology*, **37**(1), 1–11.

小林秀紹・出村慎一・郷司文男・佐藤　進・野田政弘（2000）. 青年用疲労自覚尺度の作成　日本公衆衛生雑誌, **47**(8), 638–646.

Koch, C.（1952）. *The tree test: The tree-drawing test as an aid in psychodiagnosis*. Berne: H. Huber.

小泉令三（1995）. 中学校入学時の子どもの期待・不安と適応　教育心理学研究, **43**(1), 58–67.

小泉令三・若杉大輔（2006）. 多動傾向のある児童の社会的スキル教育—個別指導と学級集団指導の組み合わせを用いて　教育心理学研究, **54**(4), 546–557.

Koppitz, E. M.（1968）. *Psychological evaluation of children's human figure drawings*. New York, NY: Grune & Stratton.

纐纈千晶・森田美弥子（2011）. 現代青年の友人への交流態度からみた S-HTP の描画特徴　心理臨床学研究, **29**(5), 634–639.

久保勝利・西岡伸紀・鬼頭英明（2015）. 高校生における自律的動機づけとレジリエンスとの関連—自己決定理論の援用の可能性　兵庫教育大学学校教育学研究, **27**, 31–39.

Kulik, C. T., Oldham, G. R., & Hackman, J. R.（1987）. Work design as an approach to person-environment fit. *Journal of Vocational Behavior*, **31**(3), 278–296.

Ladd, G. W.（1989）. Children's social competence and social supports: Precursors of early school adjustment? In B. H. Schneider, G. Attili, J. Nadel, & R. P. Weissberg（Eds.）, *Social competence in developmental perspective*（pp. 271–291）. Amsterdam: Kluwer Academic Publishers.

Ladd, G. W.（1996）. Shifting ecologies during the 5 to 7 year period: Predicting children's adjustment during the transition to grade school. In A. J. Sameroff, M. M. Haith, A. J. Sameroff, & M. M. Haith（Eds.）, *The five to seven year shift: The age of reason and responsibility*（pp. 363–386）. Chicago, IL: University of Chicago Press.

Ladd, G. W., Birch, S. H., & Buhs, E. S.（1999）. Children's social and scholastic lives in kindergarten: Related spheres of influence? *Child Development*, **70**(6), 1373–1400.

Ladd, G. W., & Price, J. M.（1987）. Predicting children's social and school adjustment following the transition from preschool to kindergarten. *Child Development*, **58**(5), 1168–1189.

Lahey, B. B., Loeber, R., Hart, E. L., Frick, P. J., Applegate, B., Zhang, Q., Green, S. M., & Russo, M. F.（1995）. Four-year longitudinal study of conduct disorder in boys:

Patterns and predictors of persistence. *Journal of Abnormal Psychology*, **104**(1), 83–93.

Lee, C. M., & Gotlib, I. H. (1989). Maternal depression and child adjustment: A longitudinal analysis. *Journal of Abnormal Psychology*, **98**(1), 78–85.

Lewinsohn, P. M. (1964). Relationship between height of figure drawings and depression in psychiatric patients. *Journal of Consulting Psychology*, **28**(4), 380–381.

Li, Y., & Lerner, R. M. (2011). Trajectories of school engagement during adolescence: Implications for grades, depression, delinquency, and substance use. *Developmental Psychology*, **47**(1), 233–247.

Lifrak, P. D., Mckay, J. R., Rostain, A., Alterman, A. I., & O'Brien, C. P. (1997). Relationship of perceived competencies, perceived social support and gender to substance use in young adolescents. *Journal of the American Academy of Child and Adolescent Psychiatry*, **36**(7), 933–940.

Lodi-Smith, J., & Roberts, B. W. (2007). Social investment and personality: a meta-analysis of the relationship of personality traits to investment in work, family, religion, and volunteerism. *Personality and Social Psychology Review*, **11**(1), 68–86.

Longoria, A. Q., Page, M. C., Hubbs-Tait, L., & Kennison, S. M. (2009). Relationship between kindergarten children's language ability and social competence. *Early Child Development and Care*, **179**(7), 919–929.

Luthar, S. S. (1993). Annotation: Methodological and conceptual issues in research on childhood resilience. *Journal of Child Psychology and Psychiatry*, **34**(4), 441–453.

Luthar, S. S., & Burack, J. A. (2000). Adolescent wellness: In the eye of the beholder? In D. Cicchetti, L. Rapport, I. Sandler, & R. P. Weissberg (Eds.), *The promotion of wellness in children and adolescents* (pp. 29–57). Washington DC: CWLA.

Luthar, S. S., & Cicchetti, D. (2000). The Construct of resilience: A critical evaluation and guidelines for future work. *Child Development*, **71**, 543–562.

Luthar, S. S., Cicchetti, D., & Becker, B. (2000). The construct of resilience: A critical evaluation and guidelines for future work. *Child Development*, **71**, 543–562.

Luthar, S. S., & Zigler, E. (1992). Intelligence and social competence among high-risk adolescents. *Development and Psychopathology*, **4**(2), 287–299.

Machover, K. (1949). *Personality projection in the drawing of the human figure*. Springfield, IL: Charles C Thomas.

Maddi, S. R. (1999). The personality construct of hardiness: I. Effects on experiencing, coping, and strain. *Consulting Psychology Journal: Practice and Research*, **51**(2), 83–94.

Maddi, S. R. (2013). *Hardiness: turning stressful circumstances into resilient growth*. Dordrecht: Springer.

Maddi, S. R., & Hightower, M. (1999). Hardiness and optimism as expressed in coping patterns. *Consulting Psychology Journal: Practice and Research*, **51**(2), 95–105.

Maddi, S. R., & Khoshaba, D. M. (2005). *Resilience at work: How to succeed no matter what life throws at you.* New York, NY: AMACOM.

Mahoney, J. L. (2000). School extracurricular activity participation as a moderator in the development of antisocial patterns. *Child Development,* 71(2), 502–516.

Mahoney, J. L., & Cairns, R. B. (1997). Do extracurricular activities protect against early school dropout? *Developmental Psychology,* 33(2), 241–253.

Mahoney, J. L., Cairns, B. D., & Farmer, T. W. (2003). Promoting interpersonal competence and educational success through extracurricular activity participation. *Journal of Educational Psychology,* 95(2), 409–418.

Mahoney, J. L., & Stattin, H. (2000). Leisure activities and adolescent antisocial behavior: The role of structure and social context. *Journal of Adolescence,* 23(2), 113–127.

牧田　快・金山範明・宇山拓澄・町澤まろ・笹岡貴史・山脇成人 (2016). 不確実な感情惹起イベント予期時における脳活動と損害回避得点の関連性— fMRI を用いた検討　生理心理学と精神生理学, **34**(1), 53–60.

Marsh, D. T., Linberg, L. M., & Smeltzer, J. K. (1991). Human figure drawings of adjudicated and nonadjudicated adolescents. *Journal of Personality Assessment,* **57**(1), 77–86.

Masten, A. S. (1994). Resilience in individual development: Successful adaptation despite risk and adversity. In M. C. Wang, E. W. Gordon, M. C. Wang, & E. W. Gordon (Eds.), *Educational resilience in inner-city America: Challenges and prospects* (pp. 3–25). Hillsdale, NJ: Lawrence Erlbaum Associates, Inc.

Masten, A. S. (2001). Ordinary magic: Resilience processes in development. *The American Psychologist,* **56**(3), 227–238.

Masten, A. S., Best, K. M., & Garmezy, N. (1990). Resilience and development: Contributions from the study of children who overcome adversity. *Development and Psychopathology,* **2**(4), 425–444.

Masten, A. S., Coatsworth, J. D., Neemann, J., Gest, S., Tellegen, A., & Garmezy, N. (1995). The structure and coherence of competence from childhood through adolescence. *Child Development,* **66**(6), 1635–1659.

Masten, A. S., & Curtis, W. J. (2000). Integrating competence and psychopathology: Pathways toward a comprehensive science of adaptation in development. *Development and Psychopathology,* **12**(3), 529–550.

松本真理子・Keskinen Soili・青木紀久代・鈴木美樹江・永井美鈴・松本英夫 (2008). 子どものメンタルヘルスに関する国際比較研究—日本とフィンランドとの比較から　児童青年精神医学とその近接領域, **49**(2), 184–195.

Matto, H. C. (2002). Investigating the validity of the Draw-A-Person: screening procedure for emotional disturbance: a measurement validation study with high-risk youth. *Psychological Assessment,* **14**(2), 221–225.

McAdams, D. P. (2010). The problem of meaning in personality psychology from the standpoints of dispositional traits, Characteristic adaptations, and life stories. *The*

Japanese Journal of Personality, **18**(3), 173–186.

McAdams, D. P., & Olson, B. D. (2010). Personality development: Continuity and change over the life course. *Annual Review of Psychology*, **61**(1), 517–542.

McCrae, R. R., & Costa, P. T., Jr. (1997). Personality trait structure as a human universal. *American Psychologist*, **52**(5), 509–516.

McCubbin, H. I., Thompson, E. A., Thompson, A. I., & Futrell, J. A. (Eds.) (1998). *Resiliency in African-American families*. London: Sage Publications.

McMillan, J., & Reed, D. (1993). *Defying the odds: A study of resilient at-risk students*. Richmond, VA: Metropolitan Educational Research Consortium.

McNeal, R. B. (1995). Extracurricular activities and high school dropouts. *Sociology of Education*, **68**(1), 62–80.

Merrill, L. L. (1994). Draw-A-Person test as a measure of anxiety in the work place. *Perceptual and Motor Skills*, **79**(1), 11–15.

Messier, L. P., & Ward, T. J. (1998). The coincidence of depression and high ability in delinquent youth. *Journal of Child and Family Studies*, **7**(1), 97–105.

三上直子（1995）．S-HTP 法─統合型 HTP 法の臨床的・発達的アプローチ　誠信書房

三沢直子（2009）．総合型 HTP 法を子どもの心理検査として有効利用するための基礎研究　明治大学人文科学研究所紀要，**65**，293–338.

三島浩路（2008）．小学校高学年で親しい友人から受けた「いじめ」の長期的な影響─高校生を対象にした調査結果から　実験社会心理学研究，**47**(2)，91–104.

三浦正江（2006）．中学校におけるストレスチェックリストの活用と効果の検討─不登校の予防といった視点から　教育心理学研究，**54**(1)，124–134.

溝上慎一（2010）．現代青年期の心理学─適応から自己形成の時代へ　有斐閣

Mizuta, I., Inoue, Y., Fukunaga, T., Ishi, R., Ogawa, A., & Takeda, M. (2002). Psychological characteristics of eating disorders as evidenced by the combined administration of questionnaires and two projective methods: the tree drawing test (Baum test) and the sentence completion test. *Psychiatry & Clinical Neurosciences*, **56**(1), 41–53.

Moffitt, T. E., & Caspi, A. (2001). Childhood predictors differentiate life-course persistent and adolescence-limited antisocial pathways among males and females. *Development and Psychopathology*, **13**(2), 355–75.

文部科学省（2009）．教師が知っておきたい子どもの自殺予防（第一次報告）

文部科学省（2013）．文部科学白書 2012 ─中途退学者数及び中途退学率の推移　http://www.mext.go.jp/b_menu/hakusho/html/hpab201301/1338525_011（2013 年 1 月 5 日取得）

文部科学省（2018）．平成 29 年度児童生徒の問題行動・不登校等生徒指導上の諸課題に関する調査結果について　http://www.mext.go.jp/b_menu/houdou/30/10/__icsFiles/afieldfile/2018/10/25/1410392_2.pdf（2019 年 11 月 8 日取得）

森岡育子・岩元澄子（2011）．小学校 1 年生の入学期の実態とレジリエンスとの関連─情緒・行動の特徴と学校適応感に着目して　久留米大学心理学研究，**10**，52–61.

森岡由起子（1996）．児童・生徒の心のサインをキャッチする—子どもはなぜ自ら訴えないのか　教育と医学, **44**(4), 321-326.

本保恭子・佐久川肇（1993）．中学生の不登校願望に関する意識調査　小児の精神と神経, **33**, 283-290.

Motta, R. W., Little, S. G., & Tobin, M. I. (1993). A picture is worth less than a thousand words: response to reviewers. *School Psychology Quarterly*, **8**(3), 197-199.

Mrazek, P. B., & Haggerty, R. J. (Eds.) (1994). *Reducing risks for mental disorders: Frontiers for preventive intervention research.* Washington, DC: National Academies Press.

向井隆久・丸野俊一（2005）．心的特性及び身体的特徴の起源に関する素朴因果モデルの発達的変化　教育心理学研究, **53**(1), 98-109.

村山正治（1998）．新しいスクールカウンセラー—臨床心理士による活動と展開　ナカニシヤ出版

無藤　隆・小保方晶子（2007）．中学校の非行の芽生えを探る　酒井　朗・青木紀久代・菅原ますみ（編）　子どもの発達危機の理解と支援—漂流する子ども（pp. 99-118）金子書房

命婦恭子・岩田　昇・向笠章子・津田　彰（2012）．長期欠席の前兆としての遅刻についての縦断研究—中学校3年間の調査　心理学研究, **83**(4), 314-320.

永井　智（2009）．小学生における援助要請意図—学校生活満足度, 悩みの経験, 抑うつとの関連　学校心理学研究, **9**(1), 17-24.

長尾　博（2005）．青年期の自我発達上の危機状態に関する研究　ナカニシヤ出版

長島貞夫（1964）．よりよい適応の指導　牛島義友・白井　常・三井為友・山本晴雄・依田　新（編）　講座　家庭と学校2　しつけと道徳—実行力を育てる（pp. 183-254）金子書房

内閣府（2014）．平成25年度　我が国と諸外国の若者の意識に関する調査　https://www8.cao.go.jp/youth/kenkyu/thinking/h25/pdf/hyoushi.pdf（2017年5月1日取得）

内藤勇次・浅川潔司・高瀬克義・古川雅文・小泉令三（1986）．高校生用学校環境適応感尺度作成の試み　兵庫教育大学研究紀要. 第1分冊　学校教育・幼児教育・障害児教育, **7**, 135-146.

中川泰彬・大坊郁夫（1985）．日本版 GHQ 精神健康調査票手引　日本文化科学社

中山文子・藤岡由美子（2011）．大学生の食事を主とした生活習慣と精神的健康に関する研究—高校生との比較を通して　松本大学研究紀要, **9**, 139-153.

中山　清・小沼尚巳・吉田昭久（1993）．「学校不適応」児童・生徒に対する教育臨床心理学的対応—学校不適応概念の検討　茨城大学教育実践研究, **12**, 303-318.

Nangle, D. W., Erdley, C. A., Newman, J. E., Mason, C. A., & Carpenter, E. M. (2003). Popularity, friendship quantity, and friendship quality: Interactive influences on children's loneliness and depression. *Journal of Clinical Child and Adolescent Psychology*, **32**(4), 546-555.

西平直喜（1973）．現代心理学叢書7　青年心理学　共立出版

則定百合子（2008）．青年期における心理的居場所感の発達的変化　カウンセリング研究，**41**(1)，64-72.

則定百合子・上長　然・齊藤誠一（2006）．思春期の心理的居場所感と学校適応　日本心理学会大会発表論文集，**70**，146.

Nye, C., Turner, H. M., & Schwartz, J. B. (2006). Approaches to parent involvement for improving the academic performance of elementary school age children. *Campbell Systematic Reviews*, **2**(1), 1-49.

O'Connell, M. E., Boat, T., & Warner, K. E. (2009). *Preventing mental, emotional, and behavioral disorders among young people: progress and possibilities*. Washington, DC: National Academies Press.

O'Keefe, M. (1994). Adjustment of children from maritally violent homes. *Families in Society*, **75**(7), 403-415.

O'Loughlin, K., & Hudziak, J. (2017). *Health promotion and prevention in child and adolescent mental health*. http://iacapap.org/content/uploads/A.14-PREVENTION-2017.pdf（August. 1, 2018）

Oas, P. (1985). Clinical utility of an index of impulsivity on the Draw-A-Person Test. *Perceptual and Motor Skills*, **60**(1), 310.

Offord, D. R., Boyle, M. H., Racine, Y. A., Fleming, J. E., Cadman, D. T., Blum, H. M., & MacMillan, H. L. (1992). Outcome, prognosis, and risk in a longitudinal follow-up study. *Journal of the American Academy of Child & Adolescent Psychiatry*, **31**(5), 916-923.

岡田香織・柴田由己・能島頼子・小島里美・福元理英・野邑健二（2016）．教師による児童の適応状況の Strengths and Difficulties Questionnaire（SDQ）を用いた評価―臨床評価，保護者による評価との関連　児童青年精神医学とその近接領域，**57**(2)，310-322.

岡田有司（2008）．学校生活の下位領域に対する意識と中学校への心理的適応―順応することと享受することの違い　パーソナリティ研究，**16**(3)，388-395.

岡田有司（2009）．部活動への参加が中学生の学校への心理社会的適応に与える影響―部活動のタイプ・積極性に注目して　教育心理学研究，**57**(4)，419-431.

岡田有司（2012）．中学生への適応に対する生徒関係的側面・教育指導的側面からのアプローチ　教育心理学研究，**60**(2)，153-166.

岡田有司（2015）．中学生の学校適応―適応の支えの理解　ナカニシヤ出版

岡安孝弘・高山　巌（1999）．中学生用メンタルヘルス・チェックリスト（簡易版）の作成　宮崎大学教育学部教育実践研究指導センター研究，**6**，73-84.

大日向雅美（2016）．母性の研究―その形成と変容の過程―伝統的母性観への反証　日本評論社

大平　健（1995）．やさしさの精神病理　岩波書店

大久保智生（2005）．青年の学校への適応感とその規定要因―青年用適応感尺度の作成と学校別の検討　教育心理学研究，**53**(3)，307-319.

大久保智生（2010）．青年の学校適応に関する研究―関係論的アプローチによる検討　ナ

カニシヤ出版

大久保智生・青柳　肇（2003）．大学生用適応感尺度の作成の試み―個人 - 環境の適合性の視点から　パーソナリティ研究, **12**(1), 38–39.

大久保智生・加藤弘通（2005）．青年期における個人 - 環境の適合の良さ仮説の検証―学校環境における心理的欲求と適応感との関連　教育心理学研究, **53**(3), 368–380.

大西将史・大西彩子・谷　伊織・松岡弥玲，・中島俊思・望月直人・藤田知加子・宮地泰士・吉橋由香・神谷美里・野村香代・辻井正次（2012）．教師評定による中学生用学校適応尺度の開発　小児の精神と神経, **52**(3), 223–234.

大野和男（2002）．Loevinger による自我発達理論に基づいた青年期における学年差・性差の検討　発達心理学研究, **13**(2), 147–157.

大貫敬一・佐々木正宏（編）（1992）．心の健康と適応―パーソナリティの心理　福村出版

大貫敬一・佐々木正宏（1998）．適応と援助の心理学　適応編・援助編　培風館

Olsson, C. A., Bond, L., Burns, J. M., Vella-Brodrick, D. A., & Sawyer, S. M. (2003). Adolescent resilience: a concept analysis. *Journal of Adolescence*, **26**(1), 1–11.

大竹恵子・島井哲志・嶋田洋徳（1998）．小学生のコーピング方略の実態と役割　健康心理学研究, **11**(2), 37–47.

小塩真司・中谷素之・金子一史・長峰伸治（2002）．ネガティブな出来事からの立ち直りを導く心理的特性―精神的回復力尺度の作成　カウンセリング研究, **35**(1), 57–65.

Ostrov, E., Offer, D., Hartlage, S., Offer, D., & Howard, K. I. (Eds.) (1984). *Patterns of adolescent self-image. New directions for mental health services.* San Francisco: Josseybass.

大対香奈子・大竹恵子・松見淳子（2007）．学校適応アセスメントのための三水準モデル構築の試み　教育心理学研究, **55**(1), 135–151.

Palmer, J. O. (1970). *The psychological assessment of children.* New York, NY: Wiley.

Parker, J. G., & Asher, S. R. (1993). Friendship and friendship quality in middle childhood: Links with peer group acceptance and feelings of loneliness and social dissatisfaction. *Developmental Psychology*, **29**(4), 611–621.

Perry, K. E., & Weinstein, R. S. (1998). The social context of early schooling and children's school adjustment. *Educational psychology*, **33**(4), 177–194.

Petersen, A. C., & Taylor, B. (1980). The biological approach to adolescence. In J. Adelson (Ed.), *Handbook of adolescent psychology* (pp. 117–155). New York, NY: Wiley.

Picard, D., & Lebaz, S. (2010). Symbolic use of size and color in freehand drawing of the tree: myth or reality? *Journal of Personality Assessment*, **92**(2), 186–188.

Pine, G. J. (1965). Social class, social mobility, and delinquent behavior. *Personnel Guidance Journal*, **43**(8), 770–774.

Pollard, J. A., Hawkins, J. D., & Arthur, M. W. (1999). Risk and protection: Are both necessary to understand diverse behavioral outcomes in adolescence? *Social Work Research*, **23**(3), 145–158.

Posner, J. K., & Vandell, D. L. (1999). After-school activities and the development of low-income urban children: A longitudinal study. *Developmental Psychology*, **35**(3) 868–879.

Pud, D., Eisenberg, E., Sprecher, E., Rogowski, Z., & Yarnitsky, D. (2004). The tridimensional personality theory and pain: Harm avoidance and reward dependence traits correlate with pain perception in healthy volunteers. *European Journal of Pain*, **8**(1), 31–38.

Puig-Antich, J. (1982). Major depression and conduct disorder in prepuberty. *Journal of the American Academy of Child Psychiatry*, **21**(2), 118–128.

Randolph, K. A., Fraser, M. W., & Orthner, D. K. (2004). Educational resilience among youth at risk. *Substance use & misuse*, **39**(5), 747–767.

Ream, R. K., & Rumberger, R. W. (2008). Student engagement, peer social capital, and school dropout among mexican american and non-latino white students. *Sociology of Education*, **81**(2), 109–139.

Resnick, M. D. (2000). Resilience and protective factors in the lives of adolescents. *Journal of Adolescent Health*, **27**(1), 1–2.

Resnick, M. D., Bearman, P. S., Blum, R. W., Bauman, K. E., Harris, K. M., Jones, J., Tabor, J., Beuhring, T., Sieving, R. E., Shew, M., Ireland, M., Bearinger, L. H., & Udry, J. R. (1997). Protecting adolescents from harm: Findings from the National Longitudinal Study on Adolescent Health. *Journal of the American Medical Association*, **278**(10), 823–832.

Rhodewalt, F., & Zone, J. B. (1989). Appraisal of life change, depression, and illness in hardy and nonhardy women. *Journal of Personality and Social Psychology*, **56**(1), 81–88.

Richman, J. M., Bowen, G. L. & Wooley, M. E. (2004). School failure: An Eco-interactional developmental perspective. In M. W. Fraser (Ed.), *Risk and resilience in childhood. An ecological perspective* (pp. 133–160). Washington, DC: NAWS Press.

Richman, J, M., & Fraser, M, W. (2001). Resilience in childhood: The role of risk and protection. In J. M. Richman & M. W. Fraser (Eds.), *The context of youth violence: Resilience, risk, and protection* (pp. 1–12). Westport, CT: Praeger.

Riordan, R. J., & Verdel, A. C. (1991). Evidence of sexual abuse in children's art products. *The School Counselor*, **39**(2), 116–121.

Roberts, B. W., Walton, K. E., & Viechtbauer, W. (2006). Patterns of mean-level change in personality traits across the life course: a meta-analysis of longitudinal studies. *Psychological Bulletin*, **132**(1), 1–25.

Rothbart, M. K., & Ahadi, S. A. (1994). Temperament and the development of personality. *Journal of Abnormal Psychology*, **103**(1), 55–66.

Rubin, R. S., Bommer, W. H., & Baldwin, T. T. (2002). Using extracurricular activity as an indicator of interpersonal skill: Prudent evaluation or recruiting malpractice? *Human Resource Management*, **41**(4), 441–454.

Rubin, K. H., & Rose-Krasnor, L. (1992). Interpersonal problem solving and social competence in chilren. In V. B. Van Hasselt & M. Hersen (Eds.), *Handbook of social development: A lifespan perspective* (pp. 283-323). New York, NY: Plenum.

Rutter, M. (1987). Psychosocial resilience and protective mechanisms. *American Journal of Orthopsychiatry, 57*(3), 316-331.

Rutter, M. (1999). Resilience concepts and findings: implications for family therapy. *Journal of Family Therapy, 21*(2), 119-144.

Rutter, M. (2000). Resilience Reconsidered: Conceptual Considerations, Empirical Findings, and Policy Implications. In J. Shonkoff, & S. J. Meisels (Eds.), *Handbook of Early Childhood Intervention* (2nd ed., pp. 651-682). Cambridge: Cambridge University Press.

Rutter, M., Giller, H., & Hagell, A. (1998). *Antisocial behavior by young people.* New York, NY: Cambridge University Press.

酒井　厚・菅原ますみ・眞榮城和美・菅原健介・北村俊則 (2002)．中学生の親および親友との信頼関係と学校適応　教育心理学研究, **50**(1), 12-22.

桜井茂男 (1992)．小学生高学年生における自己意識の検討　実験社会心理学研究, **32**(1), 85-94.

笹澤吉明・渥實　潤・田中　永・山西加織 (2006)．中高生における短眠群，中間群，長眠群の精神保健指標の比較　高崎健康福祉大学紀要, **5**, 25-32.

佐藤　寛・今城知子・戸ヶ崎泰子・石川信一・佐藤容子・佐藤正二 (2009)．児童の抑うつ症状に対する学級規模の認知行動療法プログラムの有効性　教育心理学研究, **57**(1), 111-123.

佐藤修策 (1968)．登校拒否児　国土社

Savin-Williams, R. C., & Berndt, T. J. (1990). Friendship and peer relations. In S. S. Feldman, G. R. Elliott (Eds.), *At the threshold: The developing adolescent.* (pp. 277-307). Cambridge, MA: Harvard University Press.

Schaefer, D. R., Simpkins, S. D., Vest, A. E., & Price, C. D. (2011). The contribution of extracurricular activities to adolescent friendships: New insights through social network analysis. *Developmental Psychology, 47*(4), 1141-1152.

Schonert-Reichl, K. A., & Muller, J. R., (1996). Correlates of help-seeking in adolescence. *Journal of Youth and Adolescence, 25*(6), 705-731.

Schwartz, D., McFadyen-Ketchum, S. A., Dodge, K. A., Pettit, G. S., & Bates, J. E. (1998). Peer group victimization as a predictor of children's behavior problems at home and in school. *Development and Psychopathology, 10*(1), 87-99.

Seiffge-Krenke, I. (1995). *Stress, Coping, and relationships in adolescence.* London: Psychology Press.

Seligman, M. E. P. (1975). *Helplessness: On depression, development, and death.* New York, NY: W H Freeman.

Selman, R. L., & Schultz, L. H. (1990). *Making a friend in youth: Developmental theory and pair therapy.* Chicago, IL: University of Chicago Press.

柴田玲子・根本芳子・松嵜くみ子・田中大介・川口　毅・神田　晃・古荘純一・奥山真紀

子・飯倉洋治 (2003). 日本における Kid-KINDL^R Questionnaire (小学生版 QOL 尺度) の検討 日本小児科学会雑誌, **107**(11), 1514-1520.

柴田利男 (1993). 幼児における社会的コンピテンスの諸測度間の相互関連性とその個人差 発達心理学研究, **4**, 60-68.

Shiner, R. L., & Masten, A. S. (2012). Childhood personality as a harbinger of competence and resilience in adulthood. *Development and psychopathology*, **24**(2), 507-528.

生島 浩 (1999). 悩みを抱えられない少年たち 日本評論社

Shonk, S. M., & Cicchetti, D. (2001). Maltreatment, competency deficits, and risk for academic and behavioral maladjustment. *Developmental Psychology*, **37**(1), 3-17.

Sims, J., Dana R. H., & Bolton B. (1983). The validity of the Draw-A-Person Test as an anxiety measure. *Journal of Personality Assessment*, **47**(3), 250-257.

Sitton, R., & Light, P. (1992). Drawing to differentiate: Flexibility in young children's human figure drawings. *British Journal of Developmental Psychology*, **10**(1), 25-33.

Skinner, E., Furrer, C., Marchand, G., & Kindermann, T. (2008). Engagement and disaffection in the classroom: Part of a larger motivational dynamic? *Journal of Educational Psychology*, **100**(4), 765-781.

Smith, D., & Dumont, F. (1995). A cautionary study: unwarranted interpretations of the Draw-A-Person test. *Professional Psychology: Research and Practice*, **26**(3), 298-303.

Smithyman, T. F., Fireman, G. D., & Asher, Y. (2014). Long-term psychosocial consequences of peer victimization: From elementary to high school. *School Psychology Quarterly*, **29**(1), 64-76.

Solomon, D., Battistich, V., Watson, M., Schaps, E., & Lewis, C. (2000). A six-district study of educational change: Direct and mediated effects of the child development project. *Social Psychology of Education*, **4**(1), 3-51.

孫 怡 (2011). 在日中国人留学生の異文化適応に影響を及ぼす個人の内的資源と外的資源 パーソナリティ研究, **20**(2), 73-83.

曽山和彦, 本間恵美子, 谷口 清 (2004). 不登校中学生のセルフエスティーム, 社会的スキルがストレス反応に及ぼす影響 特殊教育学研究, **42**(1), 23-33.

Sparrow, S. S., Balla, D. A., & Cicchetti, D. V. (1984). *Vineland Adaptive Behavior Scales*. Circle Pines, MN: American Guidance Service Inc.

Sparrow, S. S., Cicchetti. D. V., & Balla, D. A. (2005). *Vineland Adaptive Behavior Scales, Zuded. Survey forms manual*. Bloomington, MN: NCS Person Inc.

Spivack, G., & Shure, M. B. (1976). *Problem Solving Approach to Adjustment: A Cognitive Approach to Solving Real-life*. Hoboke, NJ: Jossey-bass Publishers.

Spoth, R., Redmond, C., Shin, C., & Azevedo, K. (2004). Brief family intervention effects on adolescent substance initiation: school-level growth curve analyses 6 years following baseline. *Journal of Consulting and Clinical Psychology*, **72**(3), 535-542.

Starcevic, V., Uhlenhuth, E. H., Fallon, S., & Pathak, D. (1996). Personality dimensions in panic disorder and generalized anxiety disorder. *Journal of Affective Disorders*, **37**(2), 75–79.

菅原ますみ（1997）．養育者の精神的健康と子どものパーソナリティの発達―母親の抑うつに関して　性格心理学研究，**5**(1), 38–55.

杉本希映・庄司一子（2006）．「居場所」の心理的機能の構造とその発達的変化　教育心理学研究，**54**(3), 289–299.

角谷詩織（2005）．部活動への取り組みが中学生の学校生活への満足感をどのように高めるか―学業コンピテンスの影響を考慮した潜在成長曲線モデルから　発達心理学研究，**16**(1), 26–35.

角谷詩織・無藤　隆（2001）．部活動継続者にとっての中学校部活動の意義―充実感・学校生活への満足度とのかかわりにおいて　心理学研究，**72**(2), 79–86.

鈴木美樹江（2010）．中学校教諭から見た心の支援が必要な生徒の特徴―不登校傾向と非行傾向生徒の特徴の比較　金城学院大学大学院人間生活学研究科論集，**10**, 47–58.

鈴木美樹江（2011）．中学校教諭からみた生徒が心理的支援を必要とするまでのプロセス検討―2次予防アセスメント機能の観点からの試み　金城学院大学大学院人間生活学研究科論集，**11**, 41–50.

鈴木美樹江（2012）．校内連携を通してのメンタルヘルス活動　平成 21・22 年度学校臨床心理士活動報告書，134.

鈴木美樹江（2015）．中学生の不登校傾向と社会的コンピテンスとの関連―悩み状況と相談者の有無の視点も踏まえて　小児保健研究，**74**(2), 267–272.

鈴木美樹江（2017）．渡辺論文「クライエントと臨床心理士との心理療法的関係性―臨床心理士の存在とその関係による心理療法」を読んで―スクールカウンセラーの視点から　人間環境大学付属臨床相談室紀要，**12**, 55–59.

鈴木美樹江（2018）．学校不適応の保護要因に関する研究展望　名古屋大学大学院教育発達科学研究科紀要，心理発達科学，**65**, 37–47.

Suzuki, M., & Kato, D.（2016）. Expressed area of synthetic HTP test and school maladjustment in Japanese early adolescents. *Asia Pacific Journal of Counselling and Psychotherapy*, **7**, 3–14.

鈴木美樹江・加藤大樹（2016）．リスク要因に着目した学校不適応に関する研究の動向　金城学院大学論集　人文科学編，**12**(2), 121–129.

鈴木美樹江・加藤大樹（2019）．高校生における学校不適応感とロールフルネスとの関連―3年間のデータを用いた交差遅延効果モデル分析による検討　パーソナリティ研究，**28**(2), 171–174.

鈴木美樹江・川瀬正裕（2013a）．中・高等学校場面における不適応徴候尺度の検討　学校メンタルヘルス，**16**(1), 35–41.

鈴木美樹江・川瀬正裕（2013b）．中学生に対する自尊感情を高めることを主眼とした心理教育実践―スクールカウンセラーと教師の連携を通して　小児保健研究，**72**(5), 699–705.

鈴木美樹江・森田智美（2015）．不適応に至るまでのプロセスに着目した高校生版学校不適応感尺度開発　心理臨床学研究，**32**(6), 711–715.

鈴木美樹江・大塚敬子・肥田幸子・向井麻美子・廣浦美穂 (2019). 小学生の学校不適応感がスクールカウンセラーへの関心に与える影響 心理臨床学研究, **36**(6), 635-645.

Swenson, C. H. Jr. (1957). Empirical evaluations of human figure drawings. *Psychological Bulletin*, **54**(6), 431-466.

Symonds, P. M. (1946). *The dynamics of human adjustment.* Oxford: Appleton-Century. (サイモンズ, P. M. 畠山 忠 (訳) (1979). 人間適応の心理―適応機制 風間書房)

高橋依子・橋本秀美 (2009). スクールカウンセリングに活かす描画法―絵にみる子どもの心 金子書房

高橋祥友 (1999). 青少年のための自殺予防マニュアル 金剛出版

田中麻未 (2006). パーソナリティ特性およびネガティブ・ライフイベンツが思春期の抑うつに及ぼす影響 パーソナリティ研究, **14**(2), 149-160.

谷 伊織 (2017). 小中学生の5因子性格特性と不適応行動の関連 感情心理学研究, **24** (Supplement), 44.

谷口弘一・浦 光博 (2003). 児童・生徒のサポートの互恵性と精神的健康との関連に関する縦断的研究 心理学研究, **74**(1), 51-56.

田山 淳 (2008). 中学生における登校行動とバウムテストの関連について 心身医学, **48**(12), 1033-1041.

寺薗さおり・山口桂子 (2015). 子育て期母親役割尺度の作成 小児保健研究, **74**(4), 491-497.

Tessler, R. C., & Schwartz, S. H. (1972). Help seeking, self-esteem, and achievement motivation: An attributional analysis. *Journal of Personality and Social Psychology*, **21**(3), 318-326.

戸ヶ崎泰子・秋山香澄・嶋田洋徳・坂野雄二 (1997). 小学生用学校不適応感尺度開発の試み ヒューマンサイエンスリサーチ, **6**, 207-220.

戸川行男 (1956). 適応と欲求 金子書房

朝重香織・小椋たみ子 (2001). 不登校生の心理について―普通学校中学生との比較から 神戸大学発達科学部研究紀要, **8**(2), 1-12.

豊田秀樹 (1998). 共分散構造分析―入門編 朝倉書店

Trueman, D. (1984). What are the characteristics of school phobic children? *Psychological Reports*, **54**(1), 191-202.

都筑 学 (2002). 小中学生の時間的展望の縦断研究 日本心理学会第66回大会発表論文集, 1056.

都筑 学 (2003). 小中学生の時間的展望はどのように変わっていくのか―3年間の縦断的データの検討 日本教育心理学会第45回総会発表論文集, 563.

植元行男・村上靖彦・阪田 恩・浅井史朗・藤田早苗・鈴木恒裕・高橋俊彦 (1968). 思春期のもつ精神病理学的意味―いわゆる正常な危機について 児童精神医学とその近接領域, **9**(3), 197-205.

上野行良・上瀬由美子・松井 豊・福富 護 (1994). 青年期の交友関係における同調と心理的距離 教育心理学研究, **42**(1), 21-28.

上地安昭 (2003). 教師のための学校危機対応実践マニュアル 金子書房.

臼井　博（2015）．小学校から中学校への学校間移行の学校適応と学習動機に対する影響（5）小学校3年時の学習動機，親子の活動共有，学校適応感から6年時の学業やレジリエンスの予測―縦断的研究（奥谷浩一教授　退職記念号）　札幌学院大学人文学会紀要，**98**，63-81.

VandenBos, G. R.（Ed.）（2007）．*APA Dictionary of Psychology.* Washington, DC: American Psychological Association.

VandenBos, G. R.（Ed.）（2013）．*APA dictionary of clinical psychology.* Washington, DC: American Psychological Association.

Vosk, B., Forehand, R., Parker, J. B., & Rickard, K.（1982）．A multimethod comparison of popular and unpopular children. *Developmental Psychology*, **18**(4), 571-575.

Wagnild, G. M., & Young, H. M.（1993）．Development and psychometric evaluation of the resilience scale. *Journal of Nursing Measurement*, **1**(2), 165-178.

Wang, M. C., Haertel, G. D., & Walberg, H. J.（1994）．Educational resilience in inner cities. In M. C. Wang., & E. W. Gordon（Eds.），*Educational resilience in inner-city America: Challenges and prospects*（pp. 45-72）．Hillsdale, NJ: Lawrence Erlbaum Associates, Inc.

Wang, M. T.（2009）．School Climate Support for Behavioral and Psychological Adjustment: Testing the Mediating Effect of Social Competence. *School Psychology Quarterly*, **24**(4), 240-251.

Wang, M. T., & Eccles, J. S.（2012）．Adolescent behavioral, emotional, and cognitive engagement trajectories in school and their differential relations to educational success. *Journal of Research on Adolescence*, **22**(1), 31-39.

Wang, M. T., & Fredricks, J. A.（2014）．The reciprocal links between school engagement, youth problem behaviors, and school dropout during adolescence. *Child Development*, **85**(2), 722-737.

Wångby, M., Bergman, L. R., & Magnusson, D.（1999）．Development of adjustment problems in girls: what syndromes emerge? *Child Development*, **70**(3), 678-699.

渡辺雄三（2017）．クライエントと臨床心理士との心理療法的関係性―臨床心理士の存在とその関係による心理療法　人間環境大学附属臨床心理相談室紀要，**12**，5-40.

Wayman, J. C.（2002）．The utility of educational resilience for studying degree attainment in school dropouts. *The Journal of Educational Research*, **95**(3), 167-178.

Weintraub, S.（1987）．Risk factors in schizophrenia: The stony brook high-risk project. Schizophrenia Bulletin, **13**(3), 439-450.

Wentzel, K. R., Carolyn M. B., & Caldwell, K. A.（2004）．Friendships in middle school: Influences on motivation and school adjustment. *Journal of Educational Psychology*, **96**(2), 195-203.

Werner, E. E.（1992）．The children of kauai: Resiliency and recovery in adolescence and adulthood. *The Journal of Adolescent Health: Official Publication of the Society for Adolescent Health and Medicine*, **13**(4), 262-268.

Werner, E. E. (1997). Vulnerable but invincible: High-risk children from birth to adulthood. *Acta Paediatrica*, **422**, 103–105.

Werner, E. E., & Smith, R. S. (1989). Vulnerable but invincible: A longitudinal study of resilient children and youth. New York, NY: Adams, Bannister, Cox.

Widom, C. S. (1999). Posttraumatic stress disorder in abused and neglected children grown up. *The American Journal of Psychiatry*, **156**(8), 1223–1229.

Wright, S., & Cowen, E. L. (1982). Student perception of school environment and its relationship to mood, achievement, popularity, and adjustment. *American Journal of Community Psychology*, **10**, 687–703.

山口豊一・水野治久・石隈利紀（2004）．中学生の悩みの経験・深刻度と被援助志向性の関連―学校心理学の視点を生かした実践のために　カウンセリング研究，**37**(3)，241–249.

山口豊一・下村麻衣・高橋美久・奥田奈津子・松嵜くみ子（2016）．小学生版学校適応感尺度の作成　跡見学園女子大学文学部紀要，**51**，111–118.

山本淳子・仲田洋子・小林正幸（2000）．子どもの友人関係認知および教師関係認知とストレス反応との関連―学校不適応予防の視点から　カウンセリング研究，**33**(3)，235–248.

山崎　透（1998）．不登校に伴う身体化症状の遷延要因について　児童青年精神医学とその近接領域，**39**(5)，420–432.

Yan, H., Yang, Y., Wu, H. S., & Chen, J. D. (2013). Applied research of house-tree-person test in suicide investigation of middle school students. *Chinese Mental Health Journal*, **9**, 650–654.

吉田武男・中井孝章（2003）．カウンセラーは学校を救えるか―「心理主義化する学校」の病理と変革　昭和堂

吉村隆之（2012）．スクールカウンセラーが学校へ入るプロセス．心理臨床学研究，**30**(4)，536–547.

Youniss, J., & Smollar, J. (1985). *Adolescent relations with mothers, fathers, and friends*. Chicago, IL: University of Chicago Press.

Zaff, J. F., Donlan, A., Gunning, A., Anderson, S. E., McDermott, E., & Sedaca, M. (2017). Factors that promote high school graduation: A review of the literature. *Educational Psychology Review*, **29**(3), 447–476.

Ziv, M., Tomer, R., Defrin, R., & Hendler, T. (2010). Individual sensitivity to pain expectancy is related to differential activation of the hippocampus and amygdala. *Human Brain Mapping*, **31**(2), 326–338.

付　　録

1　不適応徴候尺度（研究3，4で用いた）

以下のそれぞれの質問に，「全くあてはまらない」から「よく当てはまる」の1〜5までの数字で自分にもっともよく当てはまるものを1つだけ選んでください。あまり深く悩まずに直感で答えてください。

〈回答項目〉
1. 全くあてはまらない　　2. あまりあてはまらない　　3. どちらともいえない
4. ややあてはまる　　5. よくあてはまる

- 不安が頭をよぎることがある
- 気分が良い時と悪い時の差がある
- 進路に対して不安がある
- 怠けることができたら怠けたいという気持ちがある
- 朝起きてから何もやる気がしない
- 頭が痛くなったり，お腹が痛くなったり，熱がでることがある
- 部活に行くときに気が重くなることがある
- インターネットや携帯電話に集中して眠る時間が遅いことがある
- 周りを見ずに自分のわがままを通してしまうことがある
- 眠れないことがある

2　学校不適応感尺度（高校生版）（研究5，7，8で用いた）

以下のそれぞれの質問に，「全くあてはまらない」から「よく当てはまる」の1〜5までの数字で自分にもっともよく当てはまるものを1つだけ選んでください。あまり深く悩まずに直感で答えてください。

〈回答項目〉

1. 全くあてはまらない　　2. あまりあてはまらない　　3. どちらともいえない
4. ややあてはまる　　5. よくあてはまる

【不適応徴候段階】

「不適応徴候（情緒面）」

- いらいらすることがある
- すぐにカッとなってしまう
- 気がちりやすくなった
- 落ち込むことが増えた
- 不安が頭をよぎることがある

「不適応徴候（行動・身体面）」

- 朝ごはんを食べたくないときがある
- 最近食欲がない
- 朝起きてから何もやる気がしない
- 朝起きにくく，午前中調子が良くないときがある
- 眠れないことがある
- インターネットや携帯電話に集中して眠る時間が遅いことがある
- 頭が痛くなったり，お腹が痛くなったり，熱がでることがある

【被受容感の乏しさ段階】

「友人関係の不安」

- 友達に嫌われたのではないかと気になることがある
- 自分を出した後に周りがどう思ったのか心配になる
- 自分がいない時に友達に何を言われているか気になる
- 友達のささいな一言が気になることがある

「承認欲求の高さ」

- 最近，誰も自分のことを認めてくれていない

- 自分は誰からも必要とされていないのではないかと思うことがある
- 周りは自分のことを気にかけてくれていないと思うことがある
- 自分の良いところを学校で出しきれていないと思う
- 自分のことをもっと分かってほしいと思うことがある
- 誰かに認めて欲しいと感じることがある

【社会的コンピテンスの不足段階】
「コミュニケーションスキルの不足」
- 相手の問いかけにどう答えたら良いか分からないことがある
- 自分の思いを言葉に出して言うことは難しい
- 話すときにどもってしまうことが多い
- 嫌なことに対しても嫌と言えないときがある
- 集団でいるときに友達の話についていけないと感じることがある
- 相手が何を考えているか分からないことがある

「対人問題解決スキルの不足」
- 友達とけんかしても仲直りできる（逆転項目）
- 人との関係で問題が起きても解決できる（逆転項目）
- 友達に嫌なことを言われても言い返すことができる（逆転項目）

3 学校不適応感尺度（小学生版）（研究6で用いた）

じぶんに 1ばん あてはまる と おもう ばんごう に, ひとつ ○（まる）を
つけて ください。

〈回答項目〉

1. まったくない　　2. ときどきある　　3. よくある　　4. いつもある

【不適応徴候段階】

「不適応徴候（情緒面）」

- 学校で心配なことがある
- 学校で不安な気持ちになる
- 学校で落ち着かない
- 学校で泣きたい気持ちになる
- 学校が楽しくない
- 学校に行くのがゆううつだ
- 教室にいるのがいづらいことがある

「不適応徴候（身体面）」

- 頭がクラクラすることがある
- 気持ちが悪い時がある
- 頭やお腹など, 体が痛いことがある
- 夜寝られないことがある
- 朝起きるのがつらいときがある
- 食べたくないときがある

【不適応要因段階】

「自信のなさ」

- 失敗するのが怖いと思う
- 自信をなくすことがある
- 期待にこたえないと, しかられそうで心配になる
- 人から怒られないようにしている
- 嫌われないように行動している
- 自分の気持ちをおさえている

「友人関係問題」

- 他の子にいじわるをされる。
- 他の子に悪口を言われる。
- 授業中にクラスメイトがじゃまをしてくる。
- 友達に無視をされる。

4　スクールカウンセラーへの関心尺度（研究 6 で用いた）

じぶんに 1 ばん あてはまる と おもう　ばんごう　に，ひとつ　○（まる）を　つけて　ください。

〈回答項目〉

1. まったくない　　2. ときどきある　　3. よくある　　4. いつもある

「スクールカウンセラーへの関心」
- スクールカウンセラーとお話してみたい
- 相談室をのぞいてみたい
- スクールカウンセラーに相談したいことがある
- スクールカウンセラーがどんな人か知りたい

あとがき

　相談室で不登校の子どもたちや自傷行為を通して生きていることをなんとか感じると教えてくれる子どもたちから，「生きている意味って何？」「どうして学校に行かないといけないの？」と真剣なまなざしで問いかけられることがあります。このような子どもたちと出会い話し合うとき，学校に適応することの必要性や意味について改めて考えさせられます。

　滝川（2012）[1]はサリヴァン（Sullivan. H. S.）の「ある時代をあまりによく生きた者は次の時代を生きにくくなる」との言葉を援用し，思春期時代に周りへの違和感や自分への不全感を持ったり，学校を休んだりするなど不器用な形で学校生活を送るぐらいの方が知らず知らずのうちに「生きる力」が育つ側面もあるのではないかと述べています。また戸川（1956）[2]も適応欲求の精神発達は「社会的適応から内的適応へ」と発達すべき点を指摘しています。このように，これまでは子どもたちが所属する集団（学校環境等）からの要請に一致するように変容し課題を必死に解決してきたけれどもうできなくなっている状態（不適応状態）は，「自分の求めているものと何かが違う」「このままいくと自分ではなくなってしまう」感覚を持ち，動けなくなっている状態なのではないでしょうか。すなわち，不適応徴候は，内に芽生えた新しい自己とがんばって向き合おうとしているサインであるとも捉えられるように思うのです。

　帚木（2017）[3]は，現在の学校教育が目指しているのは問題解決のための教育であり，しかもなるべく早く問題を解決することが推賞されており，ポジティブ・ケイパビリティ養成をしているのではないかと述べています。ここでいうポジティブ・ケイパビリティは，えてして表層の「問題」のみを捉えて，深層にある本当の問題は浮上せず，取り逃してしまい，問題そのものが平易化してしまう傾向が生まれるとしています。その一方でネガティブ・ケイパビリティとは「どうにも答えの出ない，どうにも対処しようのない事態に耐える能力（性急に証明や理由を求めずに，不

1）滝川一廣（2012）．学校へ行く意味・休む意味─不登校ってなんだろう？　日本図書センター
2）戸川行男（1956）．適応と欲求　金子書房
3）帚木蓬生（2017）．ネガティブ・ケイパビリティ─答えの出ない事態に耐える力　朝日新聞出版

確実さや不思議さ，懐疑のなかにいることができる能力）」であり，この能力こそが教育場面で必要なのではないかとしています。本書の研究においても，対人関係問題解決スキルを含めた社会的コンピテンスの不足が被受容感の乏しさにつながり，不適応徴候に至るという学校不適応感の過程について検討してきました。問題解決にも種々ありますが，解決できれば良いというものでは恐らくなく，解決にいたるその過程，いたらない過程にこそ子どもたちが「生きる力」を養う芽が隠されており，スクールカウンセラーとしてはその過程を涵養する姿勢が求められているように感じます。

　なお，本書が発行される 2021 年そして前年の 2020 年はまさに世界中で新型コロナウィルス感染症が流行し，このネガティブ・ケイパビリティが試される年でした。大学ではオンライン授業が実施され，小学校・中学校・高校ではソーシャルディスタンスが求められ，またいつ感染が収まるか分からない状況下のなかで，緊急事態宣言が出され自由な外出も憚られる日々というように教育場面でも前例が通用しないことに直面しました。また，人と人との距離感についても改めて考えさせられ，普段よりも誰かに相談することの敷居は高くなり，誰にも悩みを打ち明けられず，孤独感と自己嫌悪等に苛まれて，動くことができなくなってしまった子どもたちも多くいたのではないでしょうか。

　このようななか，以前カウンセリングに来た生徒が，以下の草野心平のひとつの詩（わが抒情詩）を紹介してくれましたことを思い出しました。

　　くらあい天（そら）だ底なしの。
　　くらあい道だはてのない。
　　どこまでつづくまっ暗な。
　　電燈ひとつついてやしない底なしの。
　　くらあい道を歩いてゆく。

　　ああああああ。
　　おれのこころは。
　　どこいつた。
　　おれのこころはどこにゐる。

　　（中略）

　　ああああああ。
　　きのふはおれもめしをくひ。
　　けふまたおれはうどんをくつた。
　　これではまいにちくふだけで。
　　それはたしかにしあはせだが。
　　こころの穴はふさがらない。
　　こころの穴はきりきりいたむ。

　　くらあい天（そら）だ底なしの。
　　くらあい道だはてのない。[4]

　この詩は戦後日本に帰国した草野氏がいたるところが瓦礫の山となっている祖国をみて愕然とし，生きる意味を考えた心情を記したものとなっています。今でこそ当時と比べて物質的にはたしかに豊かになっていますが，心の面ではどうでしょうか。その当時に通じるもしくはより深刻な孤独感，絶望感を抱えている子どもたちもいるような気がしてなりません。

　ただ，詩を紹介してくれた後にその子が「でも他の人も同じようなくらい孤独なきもちを抱えていることを知ると，自分（は）ひとりではない，そう思えるとすこし心があたたかくなるような気がするんだ」と教えてくれました。

　子どもたちのネガティブ・キャパビリティを大切にすることはポジティブ・キャパビリティをはぐくむより時間も要し手間もかかることかもしれません。でも，これから子どもたちが歩むであろう長い道のりに思いを馳せるとそれは決して無駄なことではないように思います。

　なお，この孤独感，居場所のなさは，本書の第1章で先行研究をまとめてきたようにこれまで学校不適応のリスク要因として扱われてきました。しかしこれまでリスク要因と捉えられてきたこれらの側面も人との関係の潤滑油となりうる共感性をはぐくむことにつながり，適応を促す保護要因に変わる可能性もあるのではないでしょうか。また，本書の第5章で主に扱ってきたロールフルネス（役割満足感）は3年間の縦断的研究で学校不適応感の過程に負の影響を与えていました。孤独感を抱える子どもたちが役割を通して，どのように環境の要請と本人の自己欲求をすり合

4）草野心平（1948）．日本沙漠—草野心平詩集　青磁社

わせ，調整していくのかさらなる心的過程を丁寧に明らかにしていくことの必要性を感じています。同様に本書で扱ったもうひとつの保護要因であるレジリエンスについても，資質的レジリエンス（楽観性，統御力，社交性，行動力）が学校不適応感に負の影響を与えている可能性が示されました。逆にいうとそうではない（楽観性，統御力，社交性，行動力が乏しい）子どもたちがどのように学校不適応感を持ち，その過程で何を得て成長していくのかという，その部分に光を当てることが本当の意味でのレジリエンスについて造詣を深めることにつながると思っています。

　このように考えていくと本書で得られた基礎的研究の結果は，学校不適応感のプロセスが持つ意味にわずかな光を当てたに過ぎないかもしれません。しかしながら，学校不適応感の過程を通して，子どもたちの新たな自己との出会いに伴う危機に気づき，子どもたちの心に吹き荒れる雨風に傘をさし，一緒に雨宿りしながら「生きる意味」「学校にいく意味」など簡単に答えが出ない問いを共に考え続ける時間こそが，もしかしたらえてしてその後に何か意味をもたらすのかもしれません。

　本書は，これまで述べてきましたように学校臨床場面での多くの子どもたちとの出会いがきっかけとなり，また多くの方々の支えにより，なんとか形にすることができました。紙面に限りがありますが，心より感謝の気持ちを述べたいと思います。
　本書の研究は名古屋大学に提出した博士論文に加筆修正したものとなります。
　このような機会を得ることができましたのは，何よりも名古屋大学 松本真理子先生が器用に生きることができない私をいつも見守りながら，私の可能性を私より信じてくださり，叱咤激励してくださったおかげです。先生とお会いしてからはや17年となりますが，研究の厳しさとそして何よりも楽しさを教えてくださりました。言葉で言い尽くせませんが，これまでのご指導いただきました数々のことにこの場を借りてあらためて心より感謝申し上げます。
　金城学院大学 川瀬正裕先生には本書の前の研究よりご指導いただき，これまでも多くの貴重な機会をいただきました。スクールカウンセラー研究会を立ち上げたときも臨床で困ったときも先生の力強いお言葉がこれまで支えになりました。
　名古屋大学 鈴木健一先生，狐塚貴博先生にはいつもあたたかいお声をかけていただき，また随所において数々の貴重なご意見をいただきました。先生方の臨床にのぞむ姿勢からも多く学ばせていただきました。
　先生方に心から感謝申し上げます。
　また，本書の研究では多くの共同研究者の方々に支えていただきました。

　金城学院大学 加藤大樹先生には多くの研究を共にさせていただき，先生の先見の明により，新しい発見を得ることができ，研究に向かう原動力を常に頂いております。本書の研究はロールフルネスの研究など先生のお力添えがなければ成立しなかったものです。いつも困ったときに親身にご相談に乗っていただいており，心より感謝の気持ちでいっぱいです。

　また長年にわたり研究活動を共に行ってきた学校メンタルヘルス研究会の皆さまにもお礼の言葉を申し伝えたいです。とくに愛知みずほ大学 肥田幸子先生には，学校メンタルヘルス研究会を立ち上げる時から今にいたるまで長年の学校臨床に基づく貴重なご意見をたくさんいただきました。こうして研究会が続き，研究を継続的に続けられたのもひとえに先生の支えがあったからこそです。また，研究会のメンバーである大塚敬子さん，谷口由香莉さん，馬場ひとみさんには，これまで忙しい合間を縫ってスクールカウンセラーとして子どもたちに何ができるのかそして何が必要かについて一緒に考え，研究に協力していただきました。皆さんのおかげで気づかなかった視点を得られ，楽しく研究を行うことができています。その他にも本研究会の数多くのメンバーの皆さんとの出会いとディスカッションが本書を作成するにあたり大きな力となりました。

　その他にも多くの先生方と予防教育に関する活動と研究を行うなかで，多くのご示唆とご指導をいただきました。とくに研究会等でご一緒した先生方との出会いや国際学会等でお話しさせていただけました数々のことは，研究を行う上での大きな糧になるとともに私の大切な思い出となっております。この場を借りて心より感謝申し上げます。

　学校臨床場面で出会った子どもたちや先生方にも心から感謝したいと思います。これまで過酷な環境のなかでたくさんの傷を抱えながらも頑張って学校生活を過ごしている子どもたちと出会い，相談室で彼らと一緒に過ごした時間は私を何よりも成長させてくれました。子どもたちとの関わりを通して，自分では想像もしていなかった視点や考え方に触れ，また卒業する頃にそれぞれの強みを伸ばし大きく成長して羽ばたいていく姿に立ち会えたことは，何よりもの幸せでした。

　そして，その学校場面で子どもたちを時に厳しく，時にあたたかく見守りながら，子どもたちの成長を一心に思い，向き合っていた先生方の背中も忘れることはできません。これらの学校臨床場面での出会いを通して抱いた，どうしたらリスクを抱えている子どもたちに必要なときに手を差し伸べることができ，そしてたとえ逆境下にいても子どもたちがそれを乗り越え成長して，適応していけるのか，そのため

に何が必要なのかということについて，少しでもヒントを得たいという強い思いが本書の原動力となりました。調査を実施するにあたり，これまで学校生活での貴重なお時間を頂き，ご協力いただきましたことに感謝の気持ちでいっぱいでございます。

　本書は，日本学術振興会 科学研究費補助金（18K13359）の交付により刊行されたものです。本書を刊行するにあたり，ナカニシヤ出版の由浅啓吾さんは細やかな要望も聞き入れて，相談に乗ってくださいました。ご厚意に心から感謝いたします。

　最後に，仕事と研究を行うなかで家族に多くの迷惑をかけたと思います。それでもいつもあたたかい眼差しで見守りつつ，労をいとわずサポートし，時に冷静で的確なアドバイスをしてくれた夫と父母に心から感謝いたします。

　わが子の生きる時代が少しでもより良くなることを祈って，これからも子どもたちのために何ができるか考え続けていきたいと思います。

2021 年 2 月

鈴木　美樹江

事項索引

人名索引

著者紹介

鈴木美樹江（すずき みきえ）

2019 年名古屋大学大学院教育発達科学研究科博士課程後期課程修了，博士（心理学）。2011 年金城学院大学大学院人間生活学研究科博士課程後期課程修了，博士（学術）。

スクールカウンセラー，名古屋大学非常勤講師，金城学院大学非常勤講師。臨床心理士，公認心理師，学校心理士。

主著は『スクールカウンセリングにおける投影描画アセスメント』（共著，ナカニシヤ出版，2019），『子どもの心に寄り添う——今を生きる子どもたちの理解と支援』（共著，唯学書房，2016）等。

学校不適応感の心理学
プロセスから捉えた予防的支援の構築のために

2021 年 3 月 31 日　初版第 1 刷発行

　　　　　　著　者　鈴木美樹江
　　　　　　発行者　中西　良
　　　　　　発行所　株式会社ナカニシヤ出版
　　　　　　☎606-8161　京都市左京区一乗寺木ノ本町 15 番地
　　　　　　　　　　　　　Telephone　　075-723-0111
　　　　　　　　　　　　　Facsimile　　075-723-0095
　　　　　　Website　http://www.nakanishiya.co.jp/
　　　　　　Email　　iihon-ippai@nakanishiya.co.jp
　　　　　　　　　　　　郵便振替　01030-0-13128

印刷・製本＝創栄図書印刷／装幀＝白沢正
Copyright © 2021 by M. Suzuki
Printed in Japan.
ISBN978-4-7795-1571-2　C3011